見るだけで

クラスも整う

図解
授業術

髙橋 朋彦 著
Takahashi Tomohiko

明治図書

はじめに

「授業と学級づくりどちらが大切だと思いますか？」

　このような質問をされた時，みなさんはなんと答えるでしょうか。私は，少しずるいかもしれませんが，「両方」と答えます。

　授業も学級づくりも大切だとわかっていても，毎日６時間全ての授業を充実させることも，学級づくりにたっぷり時間を割くことも，現実にはなかなか難しいですよね。忙しい日々の中で，「授業も学級づくりも中途半端になってしまっているかも」と感じることもあるかもしれません。

　私が授業も学級づくりもなかなか成果のあげられなかった若手の頃，あるベテランの先生の授業を見る機会がありました。その授業が優れた学習指導であったことはもちろん，授業を通して教師も子どもも含め，学級が１つになっていく様子が伝わってきました。

　先生は笑顔で子どもたちの前に立ち，興味を引くように素材を提示し，ユーモアあふれる話し方で子どもと教師で一緒にめあてをつくりました。子どもが自分で課題を解決する場面では，机間指導を通して，一人一人のよいところを見つけ，たくさんほめていました。グループ学習では，グループで仲良く力を合わせて活動をできるように，話し合いの仕方のルールがしっかりと決められていました。

　その時，私は，ある大切なことに気づかされました。それは，

「授業をしながら学級づくりをすることができるんだ！」

ということです。

本書では，私がこれまで学び，試行錯誤を重ねてきた「学級づくりにつながる授業の方法」を，図解を用いてわかりやすくまとめています。

　学級づくりをしながら授業をすることで，今までの授業でより成果をあげられるようになることはもちろん，日常の学級生活でも子どもたちの落ち着きや協調性が高まり，学級として成長することができます。

　例えば，授業中に身につけた「人の話をしっかり聞く力」や「グループで意見を交換する力」は，休み時間の遊びや係活動，委員会の仕事など，様々な場面で発揮されます。それによって，学級全体の雰囲気がより明るく，居心地のよいものへと変わっていきます。
　さらに，授業を通じて子どもたちが「できるようになった」「認められた」という経験を積み重ねることで，自己肯定感が高まり，前向きに取り組む姿勢が育まれます。こうした変化が学級の一体感を生み，結果として学級経営がスムーズに進むようになるのです。
　本書では，そうした「授業と学級づくりの好循環」をつくるための具体的な手法やポイントを，具体例を交えながら紹介していきます。

　本書にまとめられている方法が，少しでもみなさんのお役に立つことができれば幸いです。

　それでは，ともに学んでいきましょう。

著者　髙橋　朋彦

CONTENTS

はじめに　002

第1章

授業で学級経営，はじめよう！

01　授業 × 学級経営 ……………………………………… 012

02　授業 de 学級経営 ……………………………………… 014

03　授業 de 学級経営のメリット ………………………… 016

04　授業 de 学級経営の成果 ……………………………… 018

05　学校生活にも生きる授業 ……………………………… 020

第2章

授業で学級経営を行うための基本的な考え方

01	学校生活のほとんどが授業！	024
02	授業は教師と子どもがつながる時間になる	026
03	授業は子ども同士がつながる時間になる	028
04	授業は目標に向かってまとまる時間になる	030
05	授業は子ども同士の助け合う文化をつくる	032
06	授業ルールが学校生活を豊かにする	034
07	授業でルールやきまりが身につく	036
08	「授業が楽しい！」→「学校が楽しい！」につながる	038

第3章

授業で学級経営を行うための具体的な方法

📖 学ぶ大切さを子どもと共有する

01 学ぶよさを語る ……………………………………… 042

02 学校で学ぶよさを伝える ……………………………… 044

03 誰のための学びかを共有する ………………………… 046

04 教師自身の体験を話す ………………………………… 048

05 教師と子どもで授業をつくる ………………………… 050

🌀 子どもに授業の受け方を教える

01 授業の受け方を教える ………………………………… 052

02 子どもの気持ちを前向きにする ……………………… 054

03	使う言葉を前向きにする	056
04	時間を守る	058
05	話の聞き方を教える	060
06	発表の仕方を教える	062
07	勝手に発言しないきまりをつくる	064
08	指名されたら返事をできるようにする	066
09	授業中，静かにする習慣をつける	068
10	身の回りの整理整頓をする	070

学級経営につながる授業テクニックを使う

01	教師が授業を楽しがる	072
02	【指示・観察・評価】を繰り返す	074
03	伝わる【指示】の出し方をする	076
04	子どもの行動を【観察】する	080
05	【評価】で子どもを成長させる	082
06	子どもに言ってもらう	086
07	ポイントを復唱する	088
08	子どもの考えを引き出す発問をする	090

09	意図的指名を工夫する	092
10	挙手指名を充実させる	094
11	発言を学級全体に広げる	096

第4章

授業で人間関係を築く具体的な方法

教師と子どもの人間関係を築く

01	子どもの名前は敬称をつけて呼ぶ	100
02	丁寧な言葉と親しみやすい言葉を使う	102
03	子どもの話を聞く	104
04	子どもの意見を認める	106
05	子どもの間違いをフォローする	108

06 机間指導で子どもをほめる ……………………………………… 110

07 子どもを発表に挑戦させる ………………………………………… 112

08 子どもの発表を労う ……………………………………………… 114

09 子どもの発言を板書する ………………………………………… 116

子ども同士の人間関係を築く

01 授業中に使う言葉を子どもに教える ……………………………… 118

02 みんなで拍手をする ……………………………………………… 120

03 「お願いします」「ありがとうございました」と言い合う … 122

04 ペア対話をさまざまな組み合わせで行う ……………………… 124

05 グループ学習の場を工夫する …………………………………… 126

06 グループ学習で気持ちを寄り添わせる ………………………… 128

07 発表では話し手より聞き手を育てる …………………………… 130

08 伝わりやすい発表の仕方を教える ……………………………… 132

09 活動後に友達のよかったところを伝え合う ………………… 134

10 振り返りを充実させる …………………………………………… 136

第5章

教科の授業での具体例

国　語

01 音読指導で声を出す ………………………… 140

02 型に沿って考えを書く ……………………… 142

算　数

01 答え合わせで間違い・失敗に向き合う …… 144

02 ミニ先生で人の役に立つ経験をする ……… 146

理　科

01 予想で間違える体験をする ………………… 148

02 役割分担・協力をして実験を行う ………… 150

社　会

01 インプットとアウトプットを小刻みに行う … 152

02 チームで協力して資料をまとめる ………… 154

道　徳

01 読み物資料から自分の実生活を振り返る … 156

02 友達の考えを聞き，意見を交流する ……… 158

第1章

授業で学級経営，
はじめよう！

01
授業×学級経営

POINT

　対比して考えられる「授業」と「学級経営」。全く別物のように考えてしまいがちですが，授業を通して学級経営を充実させていくことができきます。

第1章　授業で学級経営，はじめよう！

 授業と学級経営はどちらが大事？

　クラスを整えるには，「授業が大事？　学級経営が大事？」と聞かれたら，みなさんはなんと答えますか？　私は，

> どちらも大事

と答えます。（少しずるいですね…）

　授業は，子どもたちが知識や技能を習得し，思考力や判断力を育むための学力形成の場です。
　学級経営は，子どもたちの学校生活を豊かにするためのものです。どちらも，子どもたちの成長にとって欠かせないものです。

　一見すると，全く別物のように感じます。しかし，そうではありません。ちょっと視点を変えれば，授業で学力形成をしながら学校生活を豊かにする力を身につけさせることができます。
　例えば，次のような力です。
・子どもたちが協働的に活動する力
・子どもたちの前向きな発言や行動
・学級のルールを守る規範意識
・子ども同士，教師と子どもの信頼関係

　授業は学力形成するだけでなく，学校生活を豊かにするための力を身につけさせる学級経営をすることもできます。
　授業と学級経営，どちらか一方に偏るのではなく，両方を大切にして取り組むことが大切だといえるでしょう。

02

授業 de 学級経営

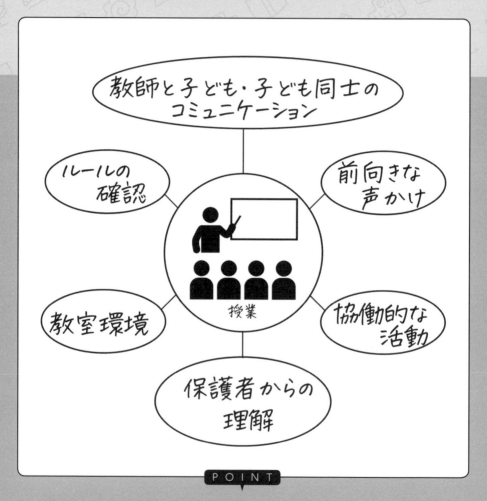

POINT

　授業を通して学級経営をするためには，学級経営がどのようなものかをおさえておく必要があります。学級経営がどのようなものかをおさえて，それを授業に反映させていきます。

第1章　授業で学級経営，はじめよう！

授業を通して学級経営ができる！

　そもそも，学級経営とは一体なんなのでしょう？　どうやら，学級経営はこれです！というような定義は決まっていないようです。しかし，定義はなくとも，どのようなものが学級経営かイメージできます。
　例えば，
・教師と子ども・子ども同士の人間関係をつくる
・子どもの主体性を高める
・子どもが安心して学校生活を送れる環境を整える
・学習や生活に適した教室環境を整える
・保護者の理解と協力を得る
というようなことが考えられます。

　これらのことは，授業ではできないのでしょうか？　私は，できると考えています。例えば，次のように行うことができます。
・教師と子ども・子ども同士のコミュニケーションを取る
・子どもが前向きになる声かけをする
・子どもたちの前向きな発言や行動を促す
・子どもたちの協働的な活動を取り入れる
・授業を通して学級のルールを確認する
・教室環境を整え，定着させる
・家庭でも「わかりやすい」と言ってもらえる授業づくり

　「授業と学級経営は別々のもの」と考えるのではなく，授業でできることを生かし，学級経営との相乗効果をねらうことで，授業でも学級経営でも大きな成果をあげることができます。

03
授業 de 学級経営のメリット

- 毎日6時間（近く）ある
- 1回45分の確保
- 教師が教える構造
- よさの体験
- よさの共有

POINT

　日々の授業だからこそできる学級経営があります。授業の特性を生かして，よりよい学級経営の基盤をつくっていきます。

第1章　授業で学級経営，はじめよう！

 ## 授業で学級経営をするメリット

　授業で学級経営をするメリットを考えていきます。まず，はじめに授業の特徴をあげます。

・授業は毎日6時間ある
・1回45分の長い時間が確保されている
・教師が子どもに教えるという構造である
・教えたことを実際に体験させ，よさを体感させられる
・子ども同士でよさを共有できる

　忙しすぎる毎日の中で，人間関係づくりや話し合い活動などの学級経営をする時間を取ることはなかなかできません。しかし，授業の特徴を生かすことで，授業をしながら成果のあげられる学級経営につなげることができます。

　授業で学級経営の要素を取り入れることが，よい学級集団づくりにつながる一方，授業にとってもよいことがあります。それは，

学力向上にもよい影響を与える

ということです。授業に学級経営の要素を入れることで，
・子どもたちの学習意欲が向上する
・学習活動が充実する
・よい学習規律が定着する　　　　　など
授業にとってもよい影響が表れます。
　授業で学級経営をすることは，よい学級集団づくりだけでなく，授業の質を上げるためにも役立ち，相乗効果をねらうことができます。

04
授業 de 学級経営の成果

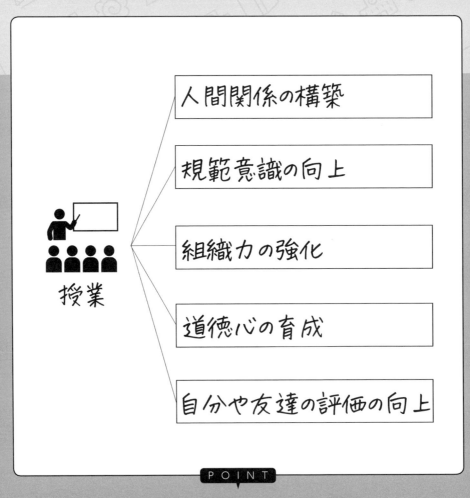

POINT

　授業を通して学級経営をすることで，期待できる成果はたくさんあります。授業を通して，学級経営をしない手はありません！

授業で期待できる成果

　授業では，学力形成はもちろんのことですが，学校生活を豊かにするために考えても，次のような大きな成果が期待できます。

○**人間関係の構築**
・教師と子どもの人間関係をつくることができる
・子ども同士の人間関係をつくることができる
・教師と子どもの主従関係をつくることができる
・コミュニケーションスキルを身につけることができる

○**規範意識の向上**
・時間に対する意識を高めることができる
・丁寧な言葉遣いを身につけることができる
・座り方や姿勢などの立ち振る舞いを身につけることができる

○**組織力の強化**
・目標を達成するよさを味わうことができる
・協力する関係をつくることができる
・挑戦する勇気を持つことができる
・挑戦する友達を応援するよさを味わうことができる

○**道徳心の育成**
・人の役に立つ経験をすることができる
・困った時に助けを求めることができる

○**自分や友達の評価の向上**
・自己有用感や自己存在感，自己肯定感を高めることができる
・友達との関わりの機会を増やすことができる
・友達との信頼関係の強化をすることができる

| 05 |

学校生活にも生きる授業

学校生活に生きる！

【学級の土台づくり】
・友達関係　・言語環境　・目標
・助け合い　・指示の聞き方
　・見通し　・コミュニケーション力

POINT

　授業で身につけた考え方やスキルは，授業だけでなく学校生活にも生きてきます。授業は，学校生活を充実させるための基盤ともいえます。

授業が学校生活にも生きる！

　授業で学級経営をすると，学校生活でいいことがたくさんあります。例えば，下記のようなことがあげられます。

○**友達関係がよくなる**
・休み時間に男女問わず関われるようになる
・友達同士のトラブルが減る
○**言語環境がよくなる**
・後ろ向きな言葉や人を傷つける言葉が減る
・前向きな言葉や人を思いやる言葉が増える
○**目標に向かってまとまることができる**
・学校行事で1つにまとまることができる
・自分たちで目標を決めて成長できるようになる
○**困った時に助け合える**
・友達同士で悩み相談ができるようになる
・落ち込んでいる友達に優しく寄り添えるようになる
○**教師やリーダーの指示が通りやすくなる**
・人の話を大切にすることができる
・考えながら話を聞けるようになる
○**見通しを持った行動をすることができるようになる**
・予定と時間を見て行動できるようになる
○**友達とのコミュニケーション力が向上する**
・笑顔で友達と関われるようになる
・相手の気持ちを考えながら会話ができるようになる

　授業を通して学級経営をし，よい学校生活を送れるように成長させることで，子どもも教師も笑顔になる教室にすることができます。

第2章

授業で学級経営を
行うための
基本的な考え方

01

学校生活の
ほとんどが授業！

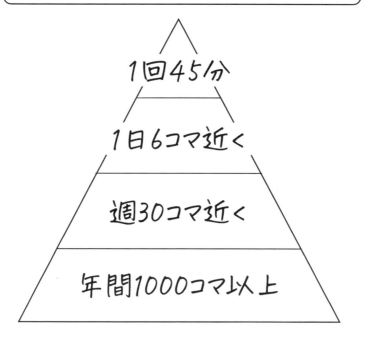

学級経営をするための時間は、ほとんど取ることができません。しかし、日々の授業に学級経営の要素を取り入れることで、学級経営に生かす時間を格段に増やすことができます。

第2章　授業で学級経営を行うための基本的な考え方

学級経営をする時間が格段に増える

　私が教師になったばかりの頃，授業は学習のための時間であり，学級経営とは別のものだと思っていました。授業をうまく展開できず，子どもたちは，とてもつまらなそうにしていました。

　また，授業とは別に（学級経営をしよう）と思っても，なかなか時間を捻出することができず，1週間に1回取れるか取れないかの学活の時間で話し合ったり，1か月に1回のレクをしたりすることしかできませんでした。授業も学級経営もどちらも成果をあげることができませんでした。

　そんなある時，授業で自然と拍手が起きたことがありました。拍手をした側も，してもらった側も嬉しそうにし，学級全体が温かい雰囲気に変わっていくことを実感しました。（学習に拍手は必要ない！）と思っていた私でしたが，この時初めて，
「授業で学級経営をすることができるんだ！」
と気づくことができました。

　授業の中に学級経営の要素を取り入れることで，学級経営に費やせる時間は大きく変わりました。

・授業は1回45分ある
・授業は1日6コマ近くある
・授業は1週間に30コマ近くある
・授業は1年で1000コマ以上ある

　授業と学級経営は，別のものではありません。授業の中で学級経営を行うことで，授業と学級経営の両方の相乗効果を期待できます。

| 02 |

授業は教師と子どもが つながる時間になる

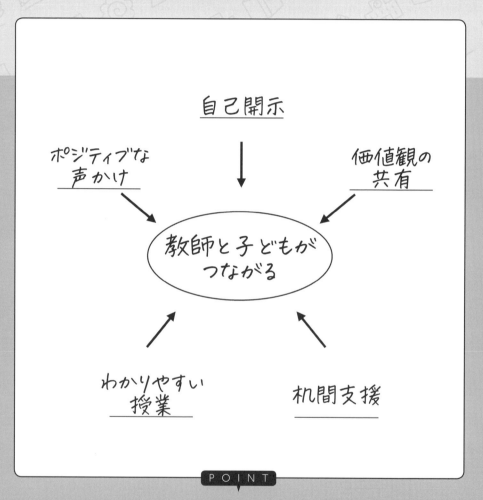

授業は子どもに勉強を教える時間にするだけでなく，教師が子どもとつながる時間にすることもできます。

第2章 | 授業で学級経営を行うための基本的な考え方

 ## 教師と子どもはいつつながる？

　みなさんは、子どもといつ、どのようにつながりますか？
　教員になったばかりの私は、休み時間に一緒に遊んだり、学級レクで一緒に楽しんだりしようとしたのですが、なかなかそのような時間をつくることはできませんでした。

　教員になってから10年以上経っても、
（子どもとつながる時間をつくることができない）
そんなことを悩んでいました。
ある時、子どもにこんな質問をしました。

「みんなとつながる時間がつくれないんだけど、大丈夫かなぁ？」
すると、こんな答えが返ってきました。

「先生は、授業中に私たちとつながってくれているから大丈夫ですよ！先生の授業はわかりやすいし、授業中に自分のことをいろいろ話してくれるし、わからないところを教えてくれるし、たくさんほめてくれますからね！」

　私は今まで、子どもとつながる時間をつくることが大切だと思っていました。しかし、現実はそうもいきません。だからこそ、毎日の授業の中で、子どもとつながるという視点を持つことが大切だと考えます。

　何も特別なことをする必要はありません。日々の授業と向き合い、授業の中で、自己開示をしたり子どものよいところを認めたりし、子どもと一緒に授業を楽しんでいくことが大切です。

027

03
授業は子ども同士が
つながる時間になる

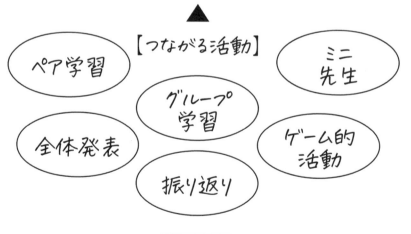

POINT

　学習活動は，学力の定着だけでなく，子ども同士をつなげる活動にもなります。教師が授業を通して子ども同士をつなげようとする意識を持つことで，子ども同士がつながる経験を積み重ねることができます。

第2章 | 授業で学級経営を行うための基本的な考え方

 子ども同士をいつつなげる？

　研修や本で子どもたちがつながるレクについて学びます。しかし，教師と子どもがつながる時間が取れなかったことと同じように，子ども同士をつなげる時間をつくることもできませんでした。

　そんなある時，グループの話し合い活動をしました。机間指導中に，
「このグループは頭の距離が近くて，話し合いが充実しているね！」
と声をかけると，そのグループの話し合いが加速していきました。それだけではありません。その声かけに反応して，他のグループも真似して活動を始めたのです。男子も女子もいるグループでしたが，頭を寄せ合い，温かい雰囲気で話し合うことができました。

　その時私は，
「授業中に子ども同士をつなげることができるんだ！」
と気づくことができました。

　それからというものの，授業の中でペアやグループ，ミニ先生などの協働的な活動を取り入れ，子ども同士をつなげる声かけをしたり，友達同士で活動してよかったことを伝え合ったりして，子ども同士をつなげることを意識するようになりました。すると，学力形成をしながら人間関係づくりができるようになりました。

　もちろん，学級活動やレクを通して子ども同士をつなげるための時間を意図的につくることは大切です。それだけでなく，日々の授業で人間関係づくりができるという意識を持つことも，よい学級経営をするためには大切なことだと考えます。

04
授業は目標に向かってまとまる時間になる

目標「勉強がわかった！」

目標に向かってまとまる

・授業中の雰囲気づくり
・教え合いの文化
・考えの交流

POINT

　目標があるからこそ，学級はまとまることができます。毎日ある授業に「勉強がわかった！」という共通の目標を設定することで，学級がまとまるための指針になります。

第2章 授業で学級経営を行うための基本的な考え方

授業で学級がまとまる！

ところで，集団はどのような時にまとまるのでしょうか？
それは，共通の目標が明確になった時です。

個性の強いヒーロー戦隊も，勇者御一行のパーティーも，普段は普通の女の子の少女戦士たちも，共通の敵がいます。敵を倒して世界を平和にするという目標があるからこそ，まとまることができるのです。

学級経営における目標とはなんでしょう？
運動会や学習発表会などの大きな行事があれば，それを共通の目標とすることができるでしょう。しかし，いつもそのような行事があるわけではありません。
では一体，普段は何を目標にすればいいのでしょう？
それが

授業

です。

授業を通して，
「勉強がわかった！」
を学級の共通の目標とすることで，学級をまとめることができます。

「勉強がわかる雰囲気をみんなでつくろう」
「わからないことは教え合おう」
「考えの交流をしていこう」
と，学習の理解を目標として学級経営をすることができます。

031

05
授業は子ども同士の助け合う文化をつくる

POINT

　授業で助け合う経験をしたことが，普段の学校生活にも生きていきます。授業を通して，助け合いの目的やルールを共有し，助け合いの文化をつくっていきます。

第2章　授業で学級経営を行うための基本的な考え方

授業で助け合う文化をつくる

　授業で子ども同士が助け合うことは，子どもの学びを深めるだけでなく，協調性や社会性などの助け合いの文化を育むためにも効果的です。

　授業で子どもの助け合う文化をつくるために，次の３つを心がけます。

①助け合いの目的を明確にする

　助け合いの目的を明確にして学級全体で共有することで，子どもたちは助け合いの意義を理解し，積極的に取り組むことができます。

　（例）・学習内容を理解しやすくするために

　　　　・友達と協力して課題を達成するために

　　　　・困っている人を助けるために

②助け合いのルールを決める

　ルールを決めることで，助け合いが円滑に進むようになります。

　（例）・困っている人を見つけたら，声をかける

　　　　・相手の意見を尊重する

③教師が助け合いを推進する

　教師が助け合いを促すことで，子どもたちは助け合いの機会を増やすことができます。

　（例）・グループワークやペアワークを取り入れる

　　　　・助け合いの様子を観察し，アドバイスする

　　　　・助け合いが充実したことを喜ぶ

　授業で助け合いの経験を積み重ねることで，普段の学校生活でも助け合いをする文化をつくりあげることができます。

06
授業ルールが学校生活を豊かにする

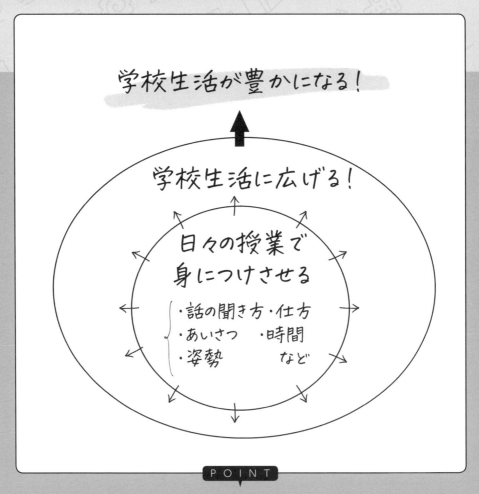

POINT

学校生活に必要なきまりやあいさつ，習慣などは授業を通して身につけさせることができます。

第2章 授業で学級経営を行うための基本的な考え方

授業で身につけさせ，学校生活に広げる

　みなさんの学級では，子どもたちが授業を受ける際のきまりがあります
か？　例えば私の学級では，次のようなルールがあります。

○話を聞く時
・目を合わせて話を聞く
・話している人以外は静かにする
○話をする時
・上向きの声で話す
・話す相手の方を見て話す

　このようなルールを明確にすることで，子どもたちはよりよい聞き方や話
し方を意識することができます。
　大切にしたいことは，授業中にルールやきまりを身につけさせ，

学校生活に広げる

ということです。
　例えば，集会や卒業式の練習など全校で集まった時は，私ではない誰かの
話を聞くことになります。例えば，クラブ活動や委員会活動の時は，自分が
人の前に立って話すことになります。そんな時に，上で紹介したルールを子
どもたちが意識することで，よりよい活動につなげることができます。他に
も，時間を守ることやあいさつなど，学校生活に広げたいルールやきまりは
たくさんあります。

　子どもたちにルールやきまりを定め，授業を通してしっかりと身につけさ
せ，学校生活に広げることが大切です。

035

| 07 |

授業でルールやきまりが身につく

ルールやきまりが守れるようになる！

▲

＼繰り返し！／
③ポジティブなフィードバック

▲

②ルールやきまりのよさの体験・共有

▲

①ルールやきまりの確認

POINT

　ルールやきまりは急に身につくものではありません。日々の授業を通して，ルールやきまりを守るよさを体験させ，定着させていきます。

ルールやきまりが身につく3ステップ

　みなさんは，ルールやきまりはなんのためにあるとお考えですか？　恥ずかしい話ですが，私が若い頃は「きまりはきまりを守るためにあるもの」だと思っていました。
　「あいさつをしなさい」「時間を守りなさい」「姿勢を正しなさい」と，子どもにきまりを守らせるよう，ただ指摘をするだけでした。
　当然，このようにきまりを押しつけても，子どもはきまりを守ることができるようにはなりません。
　では，どのようにすればルールやきまりを守れるようになるのでしょう？
　私は，次のステップを何度も繰り返し，守れるように指導をしています。

---

①ルールやきまりの確認
②ルールやきまりのよさの体験・共有
③ポジティブなフィードバック

　例えば，第2章06で紹介したような「話を聞く」ルールでは，目を合わせて話を聞いてもらって学びやすさを体験してもらい，「しっかりと聞いてくれてありがとう」と，お礼を伝えます。
　同じように，気持ちのよいあいさつの仕方を子どもたちと共有し，授業開始時に「気をつけ」「お願いします！」と気持ちのよいあいさつをしてもらい，「素敵なあいさつで嬉しいよ」と伝えます。そして，あいさつのよさを実感してもらった上で，日常であいさつをするよさについて話を広げていきます。

　授業を通してルールやきまりを守るよさを体験してもらい，ポジティブなフィードバックを積み重ねることで，学校生活を豊かにするためにルールやきまりを守ることが大切だと子どもたちは感じ取ってくれます。

| 08 |

「授業が楽しい！」→「学校が楽しい！」につながる

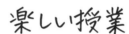

学校が楽しい！

▲

楽しい授業

【本質的授業】
・教材研究
・魅力的な教材・教具
・子ども主体の学習
・充実した共同学習
・実践的な学び
・学習の理解　　など

かける

【学級経営的授業】
・教師の笑顔
・拍手
・ほめる
・あいさつや感謝
・よかったことの伝え合い
・前向きな発言　　など

まずはこちらから！

POINT

　学校生活の多くを占める授業。授業が楽しくなることは，学校が楽しくなることにつながります。本質的授業と学級経営的授業について理解し，授業を楽しくしていきます。

第2章　授業で学級経営を行うための基本的な考え方

 一番長い時間が楽しい！

「教員は授業が勝負（どころ）だ！」
「よく考えてみろ？　学校で一番長い時間は授業だ。だから，授業を充実させることが学校生活を充実させるのに重要なんだ」

　若手の頃，教頭先生から教わった言葉です。
　その言葉を信じて，毎日遅くまで教材研究をしたり，板書計画を立てたりしました。しかし，なかなかうまくいかない日々が続きました。

　授業で自然と拍手が起こった日（第2章01参照）以降，拍手を授業に取り入れました。また，授業を始める時は，「○○さんの姿勢，とても素敵だなぁ」と子どもをほめたり，グループ活動では，「お願いします」「ありがとうございました」と，あいさつをしたりするようにしました。
　このような学級経営的な要素を取り入れていくと，「授業が楽しい！」と言ってくれる子が増えてきました。それに伴い，「学校が楽しい！」と言ってくれる子も増えてきました。

　学校生活の中で一番長い授業の時間。この時間を楽しい雰囲気にすることで，学校を楽しいと感じてくれる子が増えていきます。
　もちろん，教材研究をして，授業の本質的な学びを楽しませることはとても大切なことです。しかし，ベテランの先生のような学びの楽しさを子どもに味わわせることはすぐにできるようになることではありません。

　学級経営的な要素を取り入れて授業の雰囲気を楽しくしながら，本質的な学びの楽しさを味わわせられるように研鑽を積むことで，「学校が楽しい！」と言ってくれる子が増えていきます。

第3章

授業で学級経営を
行うための
具体的な方法

📖	学ぶ大切さを子どもと共有する	042
⚙️	子どもに授業の受け方を教える	052
💻	学級経営につながる 授業テクニックを使う	072

| 01 | 📖 学ぶ大切さを子どもと共有する

学ぶよさを語る

子どもに語る

【教師のエピソード】
・わからなかったことがわかった時
・できないことができるようになった時
・自分の学んだことが誰かの役に立った時
・自分ができない時に誰かに教えてもらった時
・みんなでアイディアを出し合ってわかった時
・夢や目標に向かって努力を積み重ねている時
・学ぶことで自分の将来の選択肢が広がった時

POINT

　教師が１人の人として，「学ぶよさ」を語ります。学習内容からは少しそれるかもしれませんが，教師が自分の経験を語ることで，子どもが学ぶよさを実感して学習に参加できるようになります。

第3章 | 授業で学級経営を行うための具体的な方法

 学んでいてよかったことは？

　みなさんは，「学んでいてよかった！」と感じたことはあるでしょうか？誰だって一度は学んでいてよかったと思ったことがあると思います。

　では，それは一体いつでしょうか？

・わからなかったことがわかった時
・できないことができるようになった時
・自分の学んだことが誰かの役に立った時
・自分ができない時に誰かに教えてもらった時
・みんなでアイディアを出し合ってわからないことがわかった時
・夢や目標に向かって努力を積み重ねている時
・学ぶことで自分の将来の選択肢が広がった時

　さまざまだと思います。学生時代だけでなく，人生を通して，教師自身が学んでいてよかったエピソードを子どもに語れることが大切です。

教師が自分の経験を語る

　もちろん，人生を変える大きな語りも大切ですが，こんなちょっとした話でも子どもはとても喜んでくれます。

　「先生はね，足が遅かったんだけど，数学は得意だったんだ。先生が中学生だった時，足の速い隣の友達に数学の勉強を教えたら，『すごくわかりやすい』と言って，喜んでもらったことがあるんだよ。足が遅くて落ち込んでいたけれど，勉強をやっていてよかったなぁって思ったよ」

　なぜか，子どもは授業を脱線した話をよく聞きます（笑）。教師自身の経験談を語り，子どもに学ぶよさを伝えることは，とても効果的です。

学ぶ大切さを子どもと共有する

043

| 02 | 学ぶ大切さを子どもと共有する

学校で学ぶよさを伝える

> 子どもと共有
> ▲
> 学校で学ぶよさ
>
> ①教師と子どもで学びをつくりあげることができる
> ②仲間と切磋琢磨することができる
> ③人としての成長をすることができる

POINT

　どんなに時代が進んでも、学校だからこそできる学びがあります。学校だからこそできる学びを教師が理解し、子どもと共有することで、子どもは学校に来る意味を実感することができます。

第3章 | 授業で学級経営を行うための具体的な方法

 学校だからこそできる学び

　インターネットが発達し，家庭でも素晴らしい学びができる時代になりました。そんな時代でも，学校だからこそできる学びがあり，教師がそれを信じて授業をし，子どもとよさを共有していくことが大切だと考えます。
　では，学校で学ぶよさとはなんでしょうか？　いろいろあると思いますが，私は次の3つが特に大切だと考えます。

①**教師と子どもで学びをつくりあげることができる**
　学校では，子どもとのやりとりを通して学びをつくりあげることができます。また，一人一人に寄り添いながら，理解度や学習状況に合わせて指導を行うことができます。
②**仲間と切磋琢磨することができる**
　学校では，同じ目標を持つ仲間と一緒に学ぶことができます。仲間と意見交換したり，議論したりすることで，学びを深めることができます。また，わからないところを教え合い，学習の理解をすることもできます。
③**人としての成長をすることができる**
　学校では，知識や技能だけでなく，人格形成も大切です。教師や仲間との関わりを通して，倫理観や道徳観を養い，人間性を磨くことができます。

　学校では，インターネットからだけではできない人と人とが関わり合って生み出すことのできる，温かみのある学びをすることができます。また，学校で身につけた力をどのように役に立たせるか，その子の力の使い方を身につけさせることができます。

　教師が学校だからこそできる学びについて理解し，それを子どもに伝えて共有することで，子どもが学校に来る意味を実感することができます。

学ぶ大切さを子どもと共有する

| 03 | 学ぶ大切さを子どもと共有する

誰のための学びかを共有する

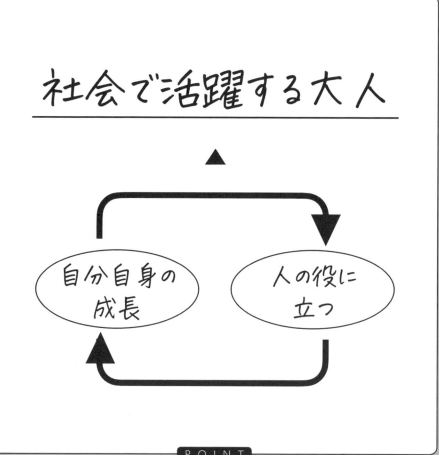

学びは自分のためはもちろん，人のためにも役に立ちます。人の役に立つために，自分自身を成長させることで，将来，社会で活躍できる人間へと成長することができます。

第3章　授業で学級経営を行うための具体的な方法

 学びは誰のため？

　みなさんは，学びは誰のためにするものだと考えますか？　私は次の２つのためだと考えます。

- 自分自身の成長のため
- 成長した力を誰かの役に立たせるため

　学びは，自分の可能性を広げ，より豊かな人生を送る成長をするために必要なものです。知識や技能は，仕事や趣味などさまざまな場面で活用することができます。また，学び続けることで，常に新しい情報や知識を得ることができ，視野を広げ，思考力を養うことができます。

　もちろん，自分自身を成長させることは大切なことです。しかし，それと合わせて大切なことは，「成長した力をどのように使うか」です。もし，成長した力を人を困らせることに使う人になってしまったらどうでしょうか？　成長してしまった分，社会や人に与える悪い影響は大きくなってしまいます。
　逆に，人の役に立つために使うことができれば，社会や人を幸せにしていくよい影響を与えることができます。

　そもそも，ビジネスとは，誰かの困りごとを解決することでお金をいただくことができます。自立した社会人を育てるためにも，自分を成長させ，成長した力を人の役に立たせられるようになることはとても大切です。

　将来，自立して社会で活躍する大人になるためにも，この２つのことを大切にして，子どもと共有して学校生活を送るように心がけています。

学ぶ大切さを子どもと共有する

| 04 | 学ぶ大切さを子どもと共有する

教師自身の体験を話す

POINT

「なんで勉強するのか？」教師が1人の人として語ります。その答えは1つではありません。子どもが自分自身で納得できる答えが見つけられるよう、教師はその助けとなるように語っていきます。

第3章 | 授業で学級経営を行うための具体的な方法

 学びはなんのためにするの？

「先生！　なんで勉強しなきゃいけないんですか？」

子どもから困る質問がやってきました。若い頃の私は，(揚げ足取りするような質問するなよな）と，否定的に受け取っていました。

しかし，よくよく考えると，本質をついたよい疑問です。

今の私は，

> 学校で勉強するのは，将来を輝かせるためにするんだよ。

と，伝えています。

では一体，学校の勉強がなぜ，輝く将来につながるのでしょうか？　次のような価値のある学びができるからだと考えています。

- できないことができるようになる
- 学び方を学ぶことができる
- 自分の興味や才能を発見できる
- 友達と切磋琢磨することができる
- 人の気持ちを考えることができるようになる
- 困っている人の助けになることができる
- 人の役に立つ方法を知ることができる
- これから出合う学びのための基礎的な知識を習得できる
- 将来の選択肢を広げることができる　　　　　　　　　　　など

まだまだあると思いますが，こんなにたくさんの価値があります。

この価値を子どもより先に生まれた「先生」として，子どもに語り，なんのために学校で学ぶのかを伝えていきます。私は，自分の人生で体験した学校で学ぶことのよさを自分のエピソードで伝えるように心がけています。

学ぶ大切さを子どもと共有する

| 05 | 学ぶ大切さを子どもと共有する

教師と子どもで授業をつくる

子どもと教師でつくりあげる

POINT

　どんなに素晴らしい教師でも，教師だけでは授業をつくることはできません。子どもと教師で，一緒に授業をつくっていこう，という意識を高めていきます。

第3章 | 授業で学級経営を行うための具体的な方法

 子どもの授業に対する意識を高める

　私はよく，子どもにこのような話をします。

T「もし，先生が日本一授業のうまい先生だとします。その先生がする授業を，みんなが全く聞かなかったとします。学習の理解をすることはできるだろうか？」
C「…できません」
T「そう。できないよね。授業はね，子どもと教師でつくりあげるものなんだ。だから，いい授業をするには，子どもの力も大きく関わってくるんだよ。みんなは，どのように授業を受けたらいいだろうか？」

　この後，子どもたちから意見を集めます。すると，
・先生の話をしっかりと聞く
・積極的に活動をする
・ノートをしっかり取る
・自分の考えを発表する　　　　など
の考えがあがってきます。一通り意見が出たら，次のように話します。

T「厳しいことを言うかもしれないけれど，今まで授業がわからないと言っていた時，みなさんは適当に授業を受けていたのかもしれない。もちろん，先生もわかりやすい授業を心がけます。みなさんも話し合いで出してくれた授業の受け方を意識して，先生とみんなで一緒によい授業をつくっていこうね」

　このように，授業を一緒につくっていこうという話を何度もします。子どもが応えてくれたら，「ありがとう。〇さんのおかげでいい授業になったね」と声をかけて，教師と子どもで力を合わせる文化をつくっていきます。

学ぶ大切さを子どもと共有する

051

01 　子どもに授業の受け方を教える

授業の受け方を教える

POINT

　授業の受け方を教えることで，子どもと教師で息の合った授業ができるようになります。息の合った授業になってくると，息の合った学級経営ができるようになってきます。

授業の受け方を子どもは意外に知らない

「できて当たり前」と思いがちですが，子どもたちは授業を曖昧に受けています。また，授業者によって，授業のスタイルやクセも少しずつ違います。そこで，子どもに授業の受け方を改めて教えることが大切です。

私は，
- 話の聞き方
- 発表の仕方
- 授業を受ける時の心構え

を教えるようにしています。

授業の受け方を教えることで，学習の理解を深めたり，学習意欲を高めたりできます。

子どもと教師で息の合った学級経営を

授業者のスタイルやクセを子どもが理解すると，（今，話を聞いてほしいな）と思った時にスッと静かになったり，（ここで意見がほしいな）と思った時につぶやきが出たりするようになります。

このように授業で息が合ってくると，学級経営でも息が合ってきます。ある年，私は「あれをあれしといてくれる？」と，なんとも酷い指示をしたことがあります。しかし子どもは，「わかりました！」と言って，私の指示を理解して動いてくれたのです。

こうなってくると，担任の意図を理解して素早い活動につながっていくので，子どもの成長に勢いがついていき，学級もまとまっていきます。

学級経営をよくするために，子どもと教師の息の合った協力が必要です。子どもと教師で息を合わせる第一歩として，授業の受け方を教えていくようにしています。

| 02 | 子どもに授業の受け方を教える

子どもの気持ちを
前向きにする

ポジティブな気持ち　ネガティブな気持ち

POINT

　子どもは後ろ向きな気持ちで授業を受けていることが多々あります。授業に対する気持ちを前向きにすることで，学習の理解が深まり，学校生活も前向きになってきます。

第3章　授業で学級経営を行うための具体的な方法

前向きな気持ちが学習の理解につながる

授業中に,
「〇〇しましょう」と言うと,
「えー！」「やだ」と, 後ろ向きな言葉が飛び交うことがあります。
当然, 気持ちも後ろ向きです。
脳科学者の林成之さんは,

> ・「嫌い」というレッテルがはられた情報には, 脳が働きにくくなる
> ・理解力や思考力, 記憶力を高めるには「好きになる力」が重要

だとおっしゃっています。
　ネガティブな感情は, 教室が嫌な雰囲気になるだけでなく, 脳科学的にも悪影響を与えるようです。
　では, 子どもは本当に心の底から勉強のことを嫌いなのでしょうか？　そうとも言いきれないと思います。子どもは勉強に対して**ネガティブに反応することがクセになっているだけ**の場合が多いです。
　そこで, 子どもの勉強に対する気持ちを前向きにしていく必要があります。
　私たち教師は, 多くの場合,
・子どもの興味・関心を引く教材や導入を心がける
・教材研究をしてわかりやすい授業を心がける
・子どもが主体的になる学習活動を取り入れる　　　　など
の工夫をしています。
　しかし, それだけではなかなか前向きな気持ちになりません。そこで, 次項でご紹介する言葉の指導も合わせて指導することで, 子どもの気持ちを前向きにしていきます。

【参考文献】
林成之著『脳に悪い7つの習慣』幻冬舎

| 03 | 子どもに授業の受け方を教える

使う言葉を前向きにする

POINT

　前向きな気持ちにするために大切なことは，言葉を前向きにすることです。使う言葉を教えて，口から出る言葉も，頭の中の言葉も前向きにし，気持ちを前向きにしていきます。

前向きな言葉で気持ちを前向きにする

　それでは，どのような手立てを取って子どもの気持ちを前向きにすればよいのでしょうか？　その第一歩となるのは，子どもの言葉を変えることです。

T「みなさんのネガティブな気持ちはわかります。でもね，成長するために必要なのは，『どんな気持ちで学びに参加するか』です。同じ学習をしても，マイナスな気持ちとプラスな気持ちで参加したのでは，大きな違いが生まれるんだよ」

　このように気持ちの話をした後に，言葉の話を続けます。

T「言葉は気持ちをつくります。『えー』『やだ』という言葉を使ってしまうと，本当にマイナスな気持ちになってしまいます。その言葉を『よし，やるぞ』『やったー！』と，口先だけでも変えてみましょう。本当に気持ちが前向きになってくるんだよ」

　このような話をして，子どもたちから出てくる言葉や，頭の中にある言葉を前向きな言葉に変えていきます。
　このような話を続けていると，前向きな言葉を使ってくれる子が出てきます。その子に，「ありがとう。学級の気持ちが前向きになるね」と感謝を伝えることで，少しずつかもしれませんが，学級の言葉が変わってきます。子どもの言葉が前向きに変わってくると，気持ちも前向きに変わってきます。

　勉強に対する気持ちを前向きにするために，まずは教室の言葉を変えることが大切です。言葉の指導をすることがよい授業につながり，授業で使う言葉が日常生活にも広がり，よい学級経営につながっていきます。

04 | 子どもに授業の受け方を教える

時間を守る

日頃から時間を意識できる！

▲

\step2/
子どもが授業の始まる時間を守る

▲

\step1/
教師が授業の終わる時間を守る

① 学習効果の向上
② 子どもの集中力の維持
③ 学習進度の確保
④ 信頼関係の構築
⑤ 時間管理能力の育成

POINT

授業を通して時間を守るよさを体感させることで，学校生活で時間を守れるようにしていきます。

教師も子どもも時間を守る

授業で時間を守ることが大切な理由は，次の5つだと考えます。

①**学習効果の向上**
　授業は，限られた時間の中で効率的に学習を進めることが重要です。時間を守ることで，計画的に授業を進めることができ，学習効果を高めることができます。

②**子どもの集中力の維持**
　授業時間が長くなると，子どもの集中力が低下してしまいます。時間を守ることで，子どもの集中力を維持するようにします。

③**学習進度の確保**
　時間を守ることで，計画的に学習を進めることができ，学習進度の遅れを防ぐことができます。

④**信頼関係の構築**
　教師が時間を守ることは約束を守ることにつながり，子どもは教師に対して信頼感を抱くようになります。

⑤**時間管理能力の育成**
　時間を守ることは，社会に出てからも必要不可欠な能力です。授業で時間を守ることで，子どもは時間管理能力を身につけることができます。

　子どもに時間を守ってもらうために，まずは教師が授業を終わらせる時間を確実に守ります。私は，時間がきたら途中でも授業をやめるようにしています。一方，どうしても授業時間が延びてしまう場合は，子どもに理由を説明し，理解してもらうことが大切です。そうすることで，子どもは授業の開始時間を守れるようになります。

　子どもが時間を守れるようになると，学級が落ち着いてきます。

| 05 | 子どもに授業の受け方を教える

話の聞き方を教える

話を聞くことは，学力形成だけでなく，学級経営の根幹ともいえます。授業を通して話の聞き方を教え，定着させていきます。

話の聞き方で授業も学級経営も変わる！

　授業においても学級経営においても話の聞き方は欠かせません。

　話をしっかりと聞くことができれば，授業の内容をしっかりと理解することができます。友達や教師の話を大切にする思いやりの心が育ちます。

　私は，右のような掲示物を使い，次のようなやりとりをして話の聞き方を鍛えています。

　今から，○○君が発表します。
①体を向けて「正対」しましょう。
②話し手に目を合わせるように「視線」を送ります。
③手はひざに置いて「姿勢」を正します。
④あいづちやマジックワードで「反応」をしましょう。
⑤相手の意見も自分の意見も「尊重」しながら聞きます。
　それでは，○○君。発表してください。

発表が終わったら，
「○○君はこの聞き方で発表を聞いてもらってどうだった？」
「周りのみんなはこの聞き方で聞いてみてどうだった？」
と，話し手と聞き手に，教えた聞き方の感想を尋ねます。多くの場合，話し手は「嬉しい！」と言い，聞き手は「わかりやすかった！」と，よさを実感してくれます。

　話の聞き方を明確にして教え，聞いてもらう心地よさやしっかり聞くメリットを実感させることで，話を聞ける子が育ちます。

06 　🌸　子どもに授業の受け方を教える

発表の仕方を教える

```
┌─────────────────────────────────────┐
│   ┌───────────────────────────┐   │
│   │ よきコミュニケーション │   │
│   └───────────────────────────┘   │
│                                     │
│              ‖ イコール              │
│                                     │
│          【使う言葉】              │
│                                     │
│              × かける               │
│                                     │
│          【発表の仕方】            │
│                                     │
│   (発声)(明言)(動作)(確認)(質問)   │
│                                     │
└─────────── P O I N T ───────────┘
```

　発表の仕方を学ぶことは，よいコミュニケーション力を身につけることにつながります。使う言葉と合わせて指導することで，学級でのコミュニケーションが大きく変わります。

発表の仕方でコミュニケーション力を鍛える！

　授業で考え方を交流させる上でも，友達関係をよくする上でもコミュニケーションは欠かせません。授業を通してコミュニケーション力を鍛えることで，授業の協働的な学びは充実し，学級のトラブルは減って，よい雰囲気になります。

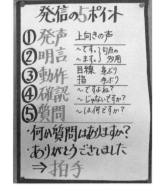

　私は，授業中に右のような掲示物を使い，発表やグループの話し合い活動をする際に，次のように声をかけて話し方を教えています。

---

①上向きな声だと明るくはっきりして話が伝わりやすくなります。
②「〜です。」「〜ます。」と言いきると話がわかりやすくなります。
③体を使って話をすると話がイメージできます。
④話の途中に「〜ですよね？」「〜じゃないですか？」と聞くと，聞き手が話に参加してくれます。
⑤話の途中に「〜はなんですか？」と聞くと，聞き手の考えを聞くことができます。

　この話し方と合わせて，第3章 03で紹介した「言葉が気持ちをつくる」話もします。
　授業で発表の仕方と使う言葉を教えることで，日常のコミュニケーションが円滑に進むようになってきます。
　日常のコミュニケーションが円滑に進むようになることで，授業は充実し，学級が温かくなってきます。

07 子どもに授業の受け方を教える

勝手に発言しない
きまりをつくる

勝手に発言できない仕組みづくり

例）・発言する時は手を挙げる
　　・発言の順番を守る
　　・発言は内容に関連性があること　　　など

【うまくいくコツ】

話し合って
決める

つぶやける
雰囲気づくり

POINT

　聞き方を教えるとともに，勝手に発言しないきまりをつくることも大切です。つぶやける雰囲気も大切にしながら，勝手に発言しないきまりをつくり，人の意見を尊重できるようにしていきます。

第3章 授業で学級経営を行うための具体的な方法

 ## 勝手に発言できない仕組みづくり

　教師が話をしていると…**「それって〇〇ですよね！」**と，教師が話したかったことを子どもが勝手に発言してしまうことがあります。
　そんな時，人の話を大切にすることを目的とした，勝手に発言できない仕組みをつくってみてはいかがでしょうか？
　例えば，
・発言する時は手を挙げる
・発言の順番を守る
・発言は内容に関連性があること
が，考えられます。

　教師のトップダウンで決めてもいいですが，子どもと一緒に話し合って決めると，子どもの責任で決まるので，より効果のあるきまりをつくることができます。

 ## つぶやきも大切にする

　勝手に発言しないきまりをつくることで，落ち着いた授業にすることができますが，注意しなければならないこともあります。

　それは，**子どもがつぶやける雰囲気**も大切にするということです。

　授業は，子どもと教師でつくりあげることで，よりよい授業にすることができます。勝手に発言しないきまりを大切にしつつ，子どもの気づきを自由につぶやける雰囲気も大切です。
　子どもがよいつぶやきをした時は，ポジティブなフィードバックをしていきます。

子どもに授業の受け方を教える

| 08 | 子どもに授業の受け方を教える

指名されたら返事をできるようにする

＼関連づける／
【学校生活】
　・健康観察
　・テスト返却
　・配付物を渡す時　など

指名されたら返事をする

【授業】

・積極的な姿勢
・円滑なコミュニケーション
・相手と信頼関係

POINT

　指導をしなければ，なかなか返事ができるようにはなりません。日々の授業で返事をするよさや習慣を身につけさせ，日常生活でも返事をする機会を意図的に仕組んでいきます。

第3章 授業で学級経営を行うための具体的な方法

返事をすることのメリット

授業中に返事をすることにはどのようなメリットがあるでしょうか？
私は次のように考えます。
・授業に集中し，積極的に学ぼうとする姿勢を育む
・円滑なコミュニケーションで授業が進む
・相手と信頼関係をつくることができる
名前を呼ばれたら返事をすることを当たり前の雰囲気にしていきます。

日常でも返事をする習慣をつける

授業だけでなく，日常生活でも返事をする習慣をつけていきます。
例えば，次のような場面があります。
・健康観察
・テスト返却
・配付物を渡す時　　など

　個人で返事をする場面も大切ですが，一体感を生むために，集団として返事をする場面も大切です。私は，次のような方法で返事をできるように指導しています。
・返事の練習をする
・教師が返事のしやすい話し方を心がける
　「～しますよね」「～ですよね」
・慣れるまで手で返事の合図を送る

　授業でも日頃の学級経営（日常生活）でも，返事を意識して指導することで，自然と返事ができるようになってきます。

子どもに授業の受け方を教える

067

| 09 | 子どもに授業の受け方を教える

授業中，静かにする習慣をつける

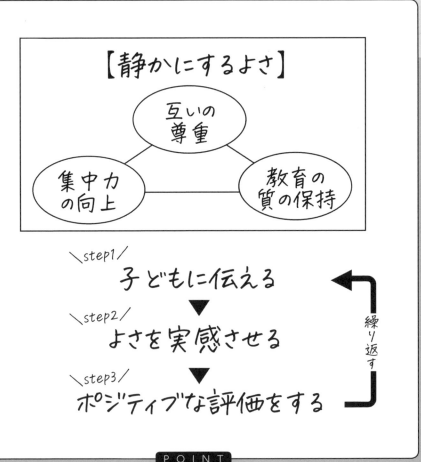

授業がざわざわした雰囲気になると，学級が落ち着かなくなってしまいます。授業を通して，静かにする習慣をつけることで，学級を落ち着いた雰囲気に変えていきます。

第3章 　授業で学級経営を行うための具体的な方法

授業中に静かにするよさ

　授業中に静かにする理由を私は次のように考えています。
○**集中力の向上**
　静かな環境は，子どもたちが授業に集中しやすくなり，学習効果を高めることができます。
○**互いの尊重**
　友達や先生の話を聞くことで，互いに尊重し合えるようになります。
○**教育の質の保持**
　教室が静かであれば，効率的に授業を進めることができ，教育の質を保つことができます。

授業中に静かにする方法

　授業中に静かにするには，次のような方法があります。
○**静かにすることの大切さを子どもに伝える**
　上であげたような静かにする大切さを子どもに語ります。
○**静かにすることのよさを実感させる**
　授業中に静かにする時間を5分程度設けます。その時に感じたよさを学級で共有します。
○**静かにしてくれたことにポジティブな評価をする**
　静かな雰囲気で授業をすることができたら，「授業がしやすかったよ」「いつもより理解できる子が多かったよ」「ありがとう」と，感謝を伝え，静かにする雰囲気を教師と子どもで大切にしていきます。

　授業中に教室が静かになると，授業が充実するだけでなく，学級が落ち着いた雰囲気になっていきます。だからこそ，授業を通して静かにすることの価値や方法を共有し，静かになれるクラスをつくっていきます。

子どもに授業の受け方を教える

10 子どもに授業の受け方を教える
身の回りの整理整頓をする

- 片付けの時間を取る
- 整理された状態のよさの実感
- 授業や学校生活で習慣化

POINT

　身の回りの整理整頓は，授業の成果をあげるだけでなく，落ち着いた雰囲気をつくったり，怪我や事故の予防につながったりします。

第3章　授業で学級経営を行うための具体的な方法

 ## 身の回りを整理整頓させるメリット

　授業中に子どもたちが身の回りを整理整頓することには，以下のようなメリットがあります。
○**集中力の向上**
　整理整頓されたスペースは，子どもたちが授業に集中しやすくなります。
○**学習の効率化**
　整理整頓を習慣化することで，学習中に物を探す時間が減り，より効率的な学習にすることができるようになります。

 ## 身の回りを整理整頓させる方法

　最初のうちは，授業が開始したら，2～3分時間を取り，

> 机の上に教科書と鉛筆と消しゴムだけ置きましょう。

と声をかけて机の上の整理整頓をさせます。
　そして，整理された机の上で受ける授業のよさを実感してもらいます。
　また，日々の学校生活の中で整理整頓をする時間を取ります。私は，帰りの会でランドセルが机の上にある状態で整理整頓をさせます。そうすることで，不必要なものをすぐにランドセルにしまうことができます。これを積み重ねることで，机をはじめとした身の回りの整理整頓を習慣化できるようにしていきます。

　教室が整理整頓されていないと，集中力が低下したりストレスが増加したりするだけでなく，怪我や事故の原因にもなります。
　ですので，日頃から子どもたちが身の回りを整理整頓できるように声をかけ，時間を取り，整理整頓ができる習慣を身につけさせていきます。

子どもに授業の受け方を教える

| 01 | 学級経営につながる授業テクニックを使う

教師が授業を楽しがる

POINT

　教師が楽しみながら行っている授業が，子どもたちは大好きです。子どもにとってわかりやすい授業のために，そして，教師自身が楽しむために，授業の研鑽に励みます。

第3章　授業で学級経営を行うための具体的な方法

 スキルに勝る教師が楽しむ授業

　本章では，授業で学級経営を行うための具体的な方法を紹介していますが，その前に，読者のみなさんにお伝えしたいことは，スキルだけあっても授業はうまくいかないということです。では一体，何が必要なのでしょうか？それは，

> 教師が授業を楽しむこと

だと考えます。
　私が子どもの頃，先生がとても楽しそうに授業をしていることがありました。今思えば，上手な授業ではなかったかもしれません。しかし，私も他の子どもたちもその先生の授業が大好きでした。その経験から，教師が楽しみながらしている授業に勝る授業はないと考えています。

　とはいえ，楽しむだけで中身のない授業をしてしまったら意味がありません。教材研究をし，効果的なスキルを使い，授業力を向上させていくことはとても大切です。

　教材研究をしたり，スキルを学んだり，授業力の向上に努めたりしていると不思議なことが起きてきます。
・（素材をこう提示したら面白いかな？）
・（この時にどんな声をかけようかな？）
というように，教師自身が授業をワクワクするようになるということです。

　教師が学ぶと，教師が授業を楽しめるようになります。子どもに授業を楽しんでもらうために，まずは教師が学ぶことが大切です。そして，教師が授業を楽しむことがよい学級経営へとつながっていきます。

学級経営につながる授業テクニックを使う

073

| 02 | 学級経営につながる授業テクニックを使う

【指示・観察・評価】を繰り返す

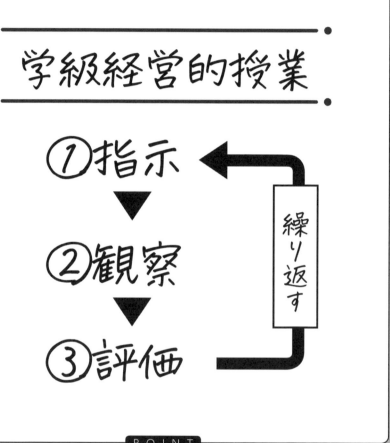

POINT

　学級経営的な授業をする上で「指示・観察・評価」はとても大切です。子どもの活動をよく観察し，評価をすることで，子どもたちは成長していきます。

第3章　授業で学級経営を行うための具体的な方法

【指示・観察・評価】で授業を効果的にする

学級経営的授業をする上で、根幹になるものは、

指示　→　観察　→　評価

の３ステップだと考えています。

「教科書を開きましょう」「考えをノートに書きましょう」
と、授業中に指示をする場面はたくさんあります。
　基本的に、指示をしたら子どもたちはその指示に従います。
　しかし中には、指示通りに動けない子もいます。その子が気になってしまい、注意ばかりしていて、気づいたら子どもとの関係が悪くなるということにもつながりかねません。

　そこで、【指示・観察・評価】を意識して授業をつくります。
　例えば、「教科書を開きましょう」と指示をしたら、子どもを観察します。すると、すぐに教科書を開いている子がいることに気づきます。その子に対して「早い！」と評価をします。「考えをノートに書きましょう」と指示をしたら観察します。たくさん考えを書いている子に対して「もう４行も書けたんだね！」と評価をします。

　教師の指示に対する子どもの行動を観察し、ポジティブな評価をすることで、子どもたちは前向きな気持ちで授業に参加したり、教師との関係がよくなったりします。それだけではありません。指示・観察・評価の３ステップを繰り返すことで、子どもたちは鍛えられていきます。この３ステップを意識して授業をすることが、よい学級経営の根幹になっていきます。

学級経営につながる授業テクニックを使う

075

| 03 | 学級経営につながる授業テクニックを使う

伝わる【指示】の出し方をする

伝わる指示の出し方

① 一時一事の原則
② 指示を箇条書き
③ 指示に数字
④ 空白禁止の原則

POINT

　授業を効率的に進めるためにも，学級経営を円滑にするためにも「伝わる指示の出し方」は重要です。

授業が学校生活にも生きる！

伝わる指示の出し方で，私が心がけているのが次の4つです。

---
①一時一事の原則
②黒板に指示を箇条書き
③指示に数字を入れる
④空白禁止の原則
---

①一時一事の原則

　一時一事の原則は，向山洋一氏によって提唱された教育技術の原則です。この原則は，一度に1つのことだけを指示し，子どもがその指示を完了してから，次の指示を与えるようにするというものです。この原則を意識し，「教科書〇ページを開きます」と指示を出して全員が開いたことを確認します。

　全員が教科書を開いたことを確認できたら，「ポイントが3つあるので，ノートに書きましょう」と，次の指示を出します。このように，活動ごとに指示を出すことで，スムーズに活動に取り組むことができます。

②黒板に指示を箇条書き

　「一時一事の原則」は理解しています。しかし，時間がないので一度に多くの指示を出さなければならない時があります。そんな時に有効なのが，「黒板に指示を箇条書き」することです。例えば，次のように黒板に書きます。

---
①問題を解く　　　②考えを書く
③隣同士で練習　　④発表

一時一事の原則を意識して黒板にナンバリングしながら箇条書きをすることで，指示がシンプルになります。黒板に指示を書くことで指示が残るので，指示が多かったとしても，子どもはその指示を見ながら活動することができます。
　私は，ボール紙に「活動①，活動②，…」と書いておき，黒板に貼って箇条書きをするようにしています。こうすることで，短時間でわかりやすい指示を出すことができます。

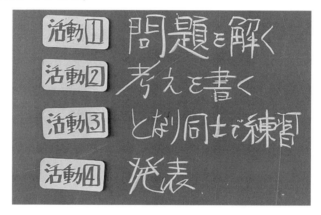

③指示に数字を入れる
　言葉だけの指示では，子どもが行動を具体的にイメージすることができず，うまく動けないことがあります。そんな時，数字を入れて指示をするように心がけています。例えば，次のような指示になります。
・「３分間で黒板を写しましょう」
・「感想を３つ書きます」
・「グループで話し合ったことを１つに絞ります」
というように，数字を使って指示を具体的にしていきます。

　この方法は，岩下修先生の『ＡさせたいならＢと言え』（明治図書）で紹介されている方法を参考にしています。ただ単に子どもをうまく動かすので

はなく，子どもを知的に動かすことが大切だといわれています。具体的な数を示すことで，行動のイメージができ，知的に活動しやすくなります。

これを普段の生活につなげて「ゴミを〇個拾いましょう」「床のタイル１マスを５回ずつ拭きましょう」というような指示ができます。

④空白禁止の原則

空白禁止の原則は，向山洋一氏によって提唱された教育技術の原則です。活動は，その子によって終わる時間が変わってきます。そこで，

「終わったら何をするか？」

を一緒に指示します。私の場合，終わったら何をするかは３段階の指示があります。

１段階目は，「教師が具体的に指示をする」です。例えば，計算問題が早く終わってしまう場合であれば，

「早く終わったら計算ドリル〇の問題を解きましょう」

というように指示を出します。

２段階目は，「子どもと一緒に考える」です。教師から具体的な指示をするのではなく，「終わったら何をしたらいいか一緒に考えよう」と，具体的な方法を子どもと一緒に考えます。

そうすることで，子どもの考えも入るので，自分で思考して行動できることにつながります。

３段階目は，「あえて曖昧な指示をする」です。「終わったら，自分が成長する方法を考えましょう」と，指示をあえて曖昧にします。そうすることで，自分で考えて行動しなければならないので，自主性が育ちます。

子どもの実態に合わせて１段階目〜３段階目の指示を使い分けています。また，１段階目の具体的な指示から，だんだんと３段階目の曖昧な指示にしていき，自分で考えて行動できる子に成長させることも大切です。

| 04 | 学級経営につながる授業テクニックを使う

子どもの行動を【観察】する

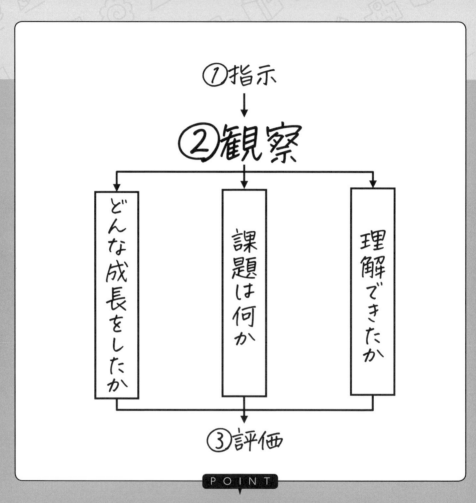

指示を出したら,必ず観察をします。観察をすることで,子どもたちがどのように変容したか,どのような活動をしているか見取ることができます。その見取りが,評価につながります。

指示を出したら必ず「観察」する

指示を出した後,子どもを観察する理由は,以下の3つです。

①指示が理解できたかどうかを確認する

指示を出した後,子どもたちが指示を理解できているかを確認します。指示を理解できていないと,子どもたちは適切に活動することができないからです。

②子どもたちの活動の様子や課題を把握する

子どもたちが指示を理解して活動できているか,また,どこにつまずいているかを把握します。指示に対して困っている子がいれば,指示を変えたり,支援をしたりします。

③子どもたちの成長や変化を捉える

子どもたちが指示を理解し,活動する様子から,子どもたちの成長や変化を捉えます。子どもたちの成長や変化を捉えることで,子どもたち一人一人に応じた声かけをすることができます。

私が若手の頃は,指示を出しても「指示を出して終わり」となってしまうことが多かったように感じます。そして,指示通りに動けない子に対して,「話を聞いていない」と,子どものせいにしていました。…反省です。

指示を出したら観察を継続することで,子どもたちの理解や成長をより深く把握し,適切な指導を行うことができるようになります。

また,観察は教師自身の学びにもつながります。子どもたちの活動の様子から,教師自身の指導方法や授業内容の改善点を見つけることができます。

| 05 | 学級経営につながる授業テクニックを使う

【評価】で子どもを成長させる

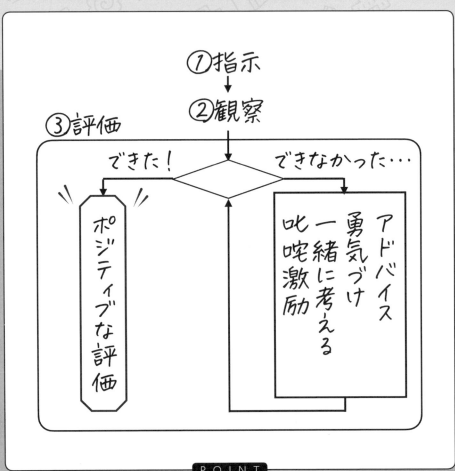

POINT

　指示をして観察をしたら，必ず評価をします。できた時もできなかった時も，最後はポジティブな評価（声かけ）で終わるようにして，子どもの成長につなげていきます。

指示をしたら必ず「評価」する

　指示をしたら，必ず「評価」します。評価することで初めて子どもの成長につなげることができるからです。ですので，指示をしたのに評価をしないのは，子どもの成長の機会を逃しているといっても過言ではありません。

　私は具体的に，次の公式を頭に入れながら評価しています。

> 評価　＝　事実　＋　価値づけ

　評価の対象は次の２パターンです。
①指示通りに活動ができた
②指示通りに活動ができなかった

①指示通りに活動ができたパターン

　指示通りに活動ができたのなら，「ポジティブな評価」をしていきます。ポジティブな評価をする理由は次の３つです。

❶子どものやる気や自信を高める

　指示通りに動けている子どもに，ポジティブな声かけをすることで，やる気や自信を高めることができます。子どもは，自分の行動が認められ，評価されることで，さらに頑張ろうという意欲を持つようになります。

❷目指す姿が明確になる

　ポジティブな声かけは，（これでいいんだ！）と，目指す姿を明確にすることができます。目指す姿が明確になることで，自信を持って活動できるようになります。

❸子どもと教師の信頼関係を築く

　ポジティブな声かけをすることで，子どもと教師の信頼関係を築くことができます。子どもは，教師に認められることで，教師に対する信頼感が高まります。

　具体的には，次のように評価をしていきます。

| 指示 |「今から話をするよ。目を合わせて聞きましょう」
| 評価 |「目を合わせて話を聞くと（事実），内容がよくわかるよね！（価値づけ）」

　基本的には，事実＋価値づけで評価をしていきますが，素早く評価をするために，事実だけで評価することもあります。

| 評価 |「目が合ったね（事実）」

　　　　（目が合った子にどんどん声をかけていきます）

②指示通りに活動ができなかったパターン

　指示通りに活動ができなかったのなら，「改善するための評価」をしていきます。改善するための評価をする理由は次の３つです。

❶できなかったことを自覚できる

　指示通りに動けなかった子どもに対して，できなかったことを伝えて，子どもの気持ちに寄り添いながら自覚させることで，改善につながります。

❷正しい行動が明確になる

　できなかったことを自覚させた上で，正しい行動を教えます。正しい行動を教えることで，改善できるようになります。

❸指示を聞く意識が高まる

　できなかったことを伝え，教えることで，次はきちんと聞こうという意識

第3章 授業で学級経営を行うための具体的な方法

が高まります。

　改善するための評価は，相手を咎める評価ではなく，できなかったことをできるようにするための評価のことです。ですので，次のような評価を心がけます。
・アドバイス
・勇気づけ
・一緒に考える
・叱咤激励

　具体的には，次のように評価をします。

指示 「今から話をするよ。目を合わせて聞きましょう」
評価 「目を合わせないと（事実），内容がわからないよ！（価値づけ）」
　改善するための評価でも，素早い評価のために事実だけ伝えることもあります。
評価 「聞いていない人があと〇人います（事実）」

　改善するための評価をした後，子どもの様子をしっかりと観察し，できるようになるまで繰り返します。そして，できるようになったら，ポジティブな評価をして終わらせるようにします。

　私たちの仕事の1つとして，できないことをできるようにするというものがあります。ですので，できたことを評価するのではなく，できないことをできるようにするために評価することが大切です。この評価の仕方を，授業だけでなく，学級経営でも心がけていきます。

学級経営につながる授業テクニックを使う

085

| 06 | 学級経営につながる授業テクニックを使う

子どもに言ってもらう

 POINT

　教師の言いたいことは子どもに言ってもらうようにします。不思議なことに，教師の言葉よりも子どもの言葉の方が学習の理解につながります。子どもに言ってもらうことで，つぶやける雰囲気もつくれます。

大人の言葉よりも子どもの言葉

　授業中に学習内容を説明する場面があります。その際，子どもの言葉を引き出しながら説明をします。

　例えば，

T「聖徳太子はどんなことをしたか，何ページに書いてありますか？」
C「○ページです！」
T「○ページを開いて見つけたら指をさしましょう」
　（何人か指をさせたら）
T「△さん。なんて書いてあった？」
C「冠位十二階と十七条の憲法をつくりました！」
T「□さん。△さんは，なんて言っていた？」
C「冠位十二階と十七条の憲法をつくったと言っていました」
　（次項に続く）

というように，教科書を開いて言葉を説明する時に，子どもの言葉で説明するように授業を進めていきます。不思議なもので，大人が全て説明するよりも，子どもの言葉で説明した方が理解しやすくなります。また，楽しい雰囲気で授業が進みます。

　このようなやりとりを続けていくと，子どもたちは自然とつぶやけるようになってきます。そのつぶやきを拾うことで，子どもと教師で一緒に授業をつくれるようになってきます。
　すると，学級経営においても，教師の力だけでなく，子どもの力も合わせてよくしていこうという意識が高まっていきます。

07 学級経営につながる授業テクニックを使う

ポイントを復唱する

POINT

　覚えさせたい言葉をインプットしたらすぐに復唱＝アウトプットさせ，知識の定着を図っていきます。小刻みに声を出す経験をすることで，声の出る学級にも成長していきます。

インプットしてすぐにアウトプット

　定着させたいことが教師の説明や子どもの発言から出た時は，すぐに復唱をします。
　復唱は，
①教師が覚えさせたい言葉を言う
②合図を出す（「ハイ」と言って手を差し出す）
③子どもが復唱する
の３ステップです。
　この方法は，山口県の中村健一先生のご実践を参考にしています。
　具体的には，次のようなやりとりになります。

（前項の続きから）
T「□さん。△さんは，なんて言っていた？」
C「冠位十二階と十七条の憲法をつくったと言っていました」
T「冠位十二階。ハイ（手を子どもに向ける）」
C「（全員で）冠位十二階」
T「１班，冠位十二階」
C「（１班が）冠位十二階」
　　…（２班，３班と続ける）

というように，復唱します。他にも，男女，列，出席番号など，いろいろなバリエーションで復唱することができます。解説してすぐに復唱することで，インプット→アウトプットを小刻みに繰り返すことができ，知識が定着していきます。子どもが声を出さない時は，「声を出すから学習が身につくんだよ」と，アウトプットする意味を丁寧に何度も説明します。
　復唱は子どもが声を出す経験になるので，子どもの声がしっかりと出る学級に成長させることができます。

| 08 | 学級経営につながる授業テクニックを使う

子どもの考えを引き出す発問をする

① クローズドな発問

② オープンな発問

③ ①と②の組み合わせ

POINT

発問の仕方を工夫し，子どもの考えを引き出します。授業はもちろん，学級経営においても有効な発問の仕方です。

子どもの考えを引き出す発問

「クローズドな発問」と「オープンな発問」を使うことで，子どもの考えを引き出します。

①クローズドな発問

クローズドな発問は，「はい」「いいえ」のように，限られた範囲で答えられるものです。子どもの考えや事実を明確にするために使用します。
- 「『はい』か『いいえ』で答えましょう」
- 「『○』か『×』かノートに書きましょう」（千葉県の野口芳宏先生のご実践）
- 「みなさんの考えは『A〜D』のどれですか？」

②オープンな発問

オープンな発問は，答えが限定されていない発問です。子どもの考えや意見を引き出すために使用されます。
- 「〜についてどう考えますか？」
- 「なぜそう考えたのですか？」
- 「どのように答えを求めましたか？」

③クローズドな発問とオープンな発問の組み合わせ

2つの発問を組み合わせることで，子どもの考えを明確にし，具体的な考えを引き出すことができます。
- 「『○』か『×』かノートに書きましょう」
  →「なぜ○にしたのですか？」

この方法は，授業中の子どもの考えを引き出すだけでなく，学校生活で意見を求めたり，トラブルを解決したりする時にも有効です。

09 学級経営につながる授業テクニックを使う

意図的指名を工夫する

【意図的指名】
① 考えを書かせる
▼
② 机間指導をする
▼
③ 指名計画を立てる
▼
④ 発表してもらう

POINT

　意図的指名をして，授業を組み立てることができます。教師が指名して発表する経験を通して，自分の意見を伝える経験をさせることができます。

意図的指名で授業をつくる

　意図的指名とは，野口芳宏先生の提唱する，子どもに手を挙げて発言させるのではなく，授業を組み立てるために教師が意図的に指名をしていくという方法です。

　私はその考えを受け，次のように取り組んでいます。

---
①ノートに考えを書かせる
②机間指導をする
③指名計画を立てる
④発表してもらう

　意図的指名を取り入れることで，
・最後にほしかった発表を最初にしてしまう
・いい意見なのに埋もれてしまう
・いつも同じ子の発表になってしまう　　　　など
の，挙手して指名する方法（挙手指名）のデメリットを防ぐことができます。子どもの考えを教師が把握し，意図的に指名することで，教師の意図で授業を組み立てることができるので，授業が深まります。

　発表することに慣れていない子に対して，「この部分を読んでくれるかな？」とノートに書いたことを読むようにお願いしています。子どもにとって，「発表して」よりも，「読んで」と声をかけることで，発表に対するハードルが下がるようです。
　また，子どもに意欲をつけたり，教師が指名する子を忘れないようにしたりするために，右図のような「発表マーク」というものを使うこともあります。

発表マーク

10 学級経営につながる授業テクニックを使う

挙手指名を充実させる

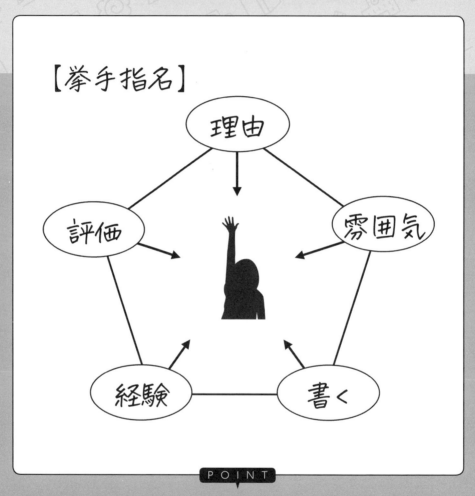

POINT

　自信を持って発表するために，挙手指名もできるようにしたいものです。周りの発表しやすい雰囲気づくりをしながら，手を挙げて発表する経験を積み重ねます。

第3章　授業で学級経営を行うための具体的な方法

 ## 子どもが手を挙げるようになる手立て

　意図的指名が大切なことを理解しつつも、子どもが手を挙げて進む挙手指名も充実させたいものです。一般的に、
「発表できる人？」「ここ読める人？」
と、声をかけます。しかし、なかなか手が挙がらないことがあります。そんな時に私は、次のような手立てを取っています。

---

①手を挙げる理由を言う
②周りの雰囲気づくりをする
③ノートに考えを書かせる
④「書けた人？」「書けない人？」と両方を聞いて必ず挙手をする経験をさせる
⑤手を挙げたことを評価する

---

　①では、「自分の考えを発言できる人になってほしい。その理由は〜」と、担任の考えを伝えます。私は、自分の考えを伝えることが、将来仕事に就いた時に多くの可能性を広げるということを伝えています。
　②では、「挑戦することを応援しよう」という雰囲気づくりをします。間違えても笑わない。挑戦したことに価値があるということを語ります。
　③では、第3章08のクローズドな質問とオープンな質問を使ってノートに考えを書かせます。机間指導でどのような内容か把握します。
　④では、手を挙げることに慣れさせるために全員が必ず挙手をする「書けた人？」「書けない人？」のような質問をします。
　⑤では、手を挙げたことを担任が喜んだり、勇気を持って手を挙げたことを拍手で称賛したり、手を挙げられないことに「大丈夫だよ」とポジティブな言葉を送ったりするなどの評価を積み重ねていきます。

| 11 | 学級経営につながる授業テクニックを使う

発言を学級全体に広げる

POINT

　発表は，発表者が発表することが目的なのではありません。発表者の考えを全体に広げ，深めるきっかけにすることが大切です。友達の意見や考えを大切にする教室の文化もつくっていきます。

第3章 授業で学級経営を行うための具体的な方法

 ## 一問一答で終わらせない

　授業をしていると，気づくと授業を引っ張る子との一問一答になっていることがあります。私は，授業を引っ張る子とのやりとりはとても大切だと考えています。しかし，一問一答で終わらせてはいけません。授業を引っ張る子の考えを学級全体に広げる必要があります。そこで私は，次のようなやりとりをしています。

---

①「○君がなんて言っていたかわかった人は立ちましょう」
②「座っている人に説明しましょう」
　（全員が立ったことを確認したら座らせる）
③「△君。○君が言っていたことはなんだっけ？」
④「○君。△君の言っていることで大丈夫？」
⑤（大丈夫と言ったら）他にも数人に聞く
　（違うと言ったら）もう一度説明してもらう

　このようなやりとりをして，じっくりと広げることは効果的ですが，時間を確保できないこともあります。そんな時は，次のような声かけをします。

・「○君の言っていたことを隣同士で確認します」と，ペアで確認
・「△君。○君の言っていたことをもう1回言って」と，同じ内容を発言してもらう

　授業を引っ張る子の発言を広げる取り組みをすることで，学習の理解が深まるだけでなく，友達の意見や考えを大切にしようという文化が学級に広がっていきます。

第4章

授業で人間関係を築く具体的な方法

教師と子どもの人間関係を築く		100
子ども同士の人間関係を築く		118

| 01 | 教師と子どもの人間関係を築く

子どもの名前は敬称をつけて呼ぶ

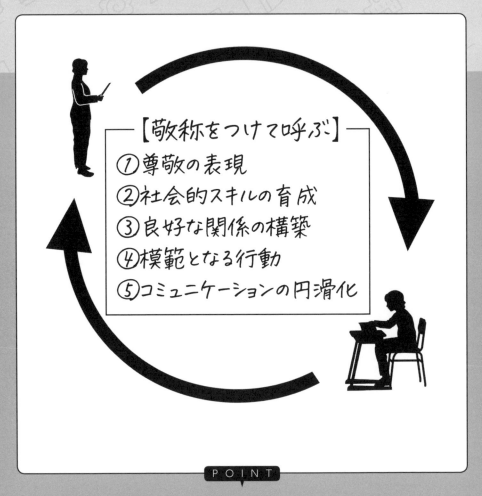

【敬称をつけて呼ぶ】
① 尊敬の表現
② 社会的スキルの育成
③ 良好な関係の構築
④ 模範となる行動
⑤ コミュニケーションの円滑化

POINT

　授業は公の時間です。公の時間に適した名前の呼び方を心がけることで，授業が公の時間として意識されます。授業を通して，公の時間の立ち振る舞いを学ばせることができます。

子どもの名前に敬称をつけて呼ぶ

　私は，授業を公の場として捉え，次のような意図で，「〜さん」と，子どもの名前に敬称をつけて呼ぶようにしています。

①**尊敬の表現**
　敬称を使うことで，子どもたちに対する尊敬の気持ちを示します。
②**社会的スキルの育成**
　社会で一般的に受け入れられている礼儀正しいコミュニケーションの方法を学ばせます。
③**良好な関係の構築**
　子どもたちの間に信頼関係を築きやすくなります。
④**模範となる行動**
　子どもたちがお互いに敬称を使うことを学び，互いに尊重する姿勢を身につけます。
⑤**コミュニケーションの円滑化**
　敬称を使うことで，より丁寧なコミュニケーションが行われ，クラスの雰囲気がよくなります。

　以前の私は，親しみやすさを大切にしたいと思い，授業中に敬称をつけなかったりニックネームで呼んだりしていました。しかし，呼び方の違いに不満を持つ子がいたり，ピシッとした雰囲気をつくることができなかったりしました。敬称をつけて呼ぶようになってから，子どもの不満もなくなり雰囲気もよくすることができるようになりました。
　とはいえ，公の時間である授業以外では，敬称を略して子どもを呼ぶこともあります。

| 02 | 教師と子どもの人間関係を築く

丁寧な言葉と親しみやすい言葉を使う

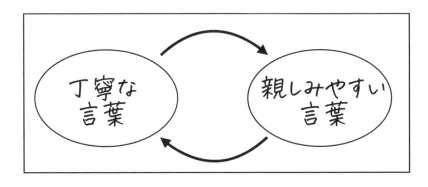

POINT

　授業で丁寧な言葉を使うことで，落ち着いた雰囲気をつくることができます。丁寧な言葉に合わせて，親しみやすい言葉も使うことで，楽しい雰囲気の授業になります。緩急をつけて授業をすることができます。

第4章 授業で人間関係を築く具体的な方法

丁寧な言葉と親しみやすい言葉で雰囲気をつくる

　子どもの名前の呼び方と同様に，公の時間である授業では，丁寧な言葉を使うように心がけています。

　理由は，子どもの名前に敬称をつけるのと同様です。

- 尊敬の表現
- 社会的スキルの育成
- 良好な関係の構築
- 模範となる行動
- コミュニケーションの円滑化

　丁寧な言葉で授業をすることで，落ち着いた雰囲気で授業を展開することができます。

　しかし，わかりやすい授業は，雰囲気づくりも大切です。丁寧な言葉で授業をすることを基本とした上で，楽しい雰囲気をつくったり，授業に勢いをつけたりするために，あえて親しみやすい言葉で授業をすることがあります。

　例えば，
- 「問題です！　ジャジャン！」と，クイズ番組風にする
- 「さすが！　すごいじゃん！」と，本当に驚いた様子を伝える
- 「おしい！　もう少しだよ！」と，ポジティブに子どもを励ます
- 「この問題，ゲームみたいで楽しかったね！」と，日常生活と関連づける

などです。

　丁寧な言葉を使うことを基本とし，親しみやすい言葉も使って授業をすることで，落ち着いた雰囲気と，楽しい雰囲気の緩急のついた学級経営につなげることができます。

教師と子どもの人間関係を築く

103

03 教師と子どもの人間関係を築く

子どもの話を聞く

○子どもの理解
○相談しやすい雰囲気づくり
○信頼関係の構築

話を聞く

・つまずきを把握
・考えを表現する機会
・意図的な授業づくり

POINT

　授業中に子どもの話を聞くことで，子どもの実態に合わせた授業ができるようになります。それだけでなく，子どもとの信頼関係を構築したり相談しやすい雰囲気をつくったりすることができます。

話を聞くことの大切さ

　机間指導で教師が声かけをして子どもの話を聞くことで，次のようなよさがあります。

①「どこでつまずいていますか？」「どこまで理解しましたか？」
　→子どものつまずきを把握することができる
②「どのように考えましたか？」「先生で発表の練習をしてください」
　→子どもの考えを表現する機会になる
③「素晴らしい考えですね！　広げたいので発表をお願いします」
　→子どもの考えを聞いて意図的に授業をつくることができる

　授業を充実させるために，子どもの話を聞くことはとても大切です。授業だけでなく，学級経営上でも次のよさがあります。

> ①子どもがどのような子か理解することができる
> ②子どもが相談しやすい雰囲気をつくることができる
> ③子どもとの信頼関係を構築することができる

　大人の私たちも，校長先生に話を聞いてもらったり，教頭先生に悩みを相談したりすると，相手のことを信頼することができます。ですので，教師が子どもの話を聞くことは学級経営上とても大切なことです。

　しかし，普段の学校生活では子どもも教師も忙しすぎて，なかなか子どもの話を聞くことができません。だからこそ，授業を充実させるためにも，子どもとの信頼関係を高めるためにも，授業中に子どもの考えをしっかりと聞くことを大切にしています。

| 04 | 教師と子どもの人間関係を築く

子どもの意見を認める

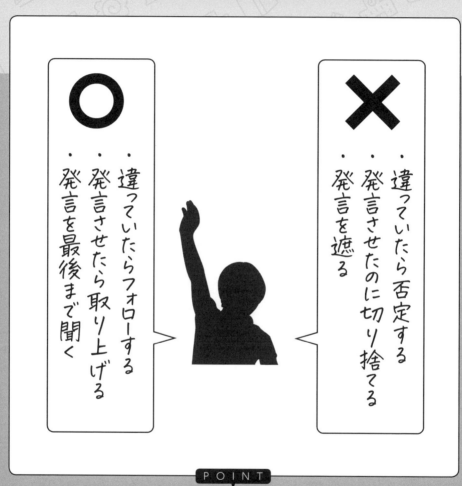

○
・違っていたらフォローする
・発言させたら取り上げる
・発言を最後まで聞く

✕
・違っていたら否定する
・発言させたのに切り捨てる
・発言を遮る

POINT

子どもが勇気を出して，してくれた発言です。合っていても間違っていても，子どもの発言を大切にします。

子どもの発言を大切にする

子どもの意見を認めるメリットは次の3つだと考えます。

①自信を与えることができる
②雰囲気がよくなる
③発言が増える

今でも忘れません。私が若手の頃に研究授業をした時のことです。指導案で計画した時間から少し遅れた授業展開になっていました。(このままでは授業が終わらない！)と,私はとても焦っていました。

そんな中,子どもの考えを発表してもらう場面になりました。私の考えた指導案の流れから少し外れた考えを発表した子がいました。

そこで,その子に対し,**「その考えは今はいいや」**と,発言を途中で遮ってしまいました。

その後,授業はしっかりと時間通りに終わらせることができたので,ホッとしたのですが,協議会で**「人権的に問題のある行動だった」**と,お叱りを受けてしまいました。

せっかく一生懸命に考えて,勇気を出して発言してくれた行動を,私は踏みにじってしまっていたのです。

子どもの発言を遮ることは,人権的にも問題がありますし,子どものこれからの発言を躊躇させてしまう可能性もあります。

その日以降,子どもから出た意見は,どんな意見であろうとも,一度認めるようにしています。

05 教師と子どもの人間関係を築く

子どもの間違いを
フォローする

間違いのフォロー

① 言い換える
② ポジティブに教え直す
③ 間違いを深掘りする

POINT

　間違えてしまったことをフォローし，よい学びにつなげることで，間違いを大切にする学級の雰囲気になっていきます。

第4章　授業で人間関係を築く具体的な方法

 間違いのフォローこそ腕の見せ所

　子どもの意見を一度認める大切さはわかりました。では一体，どのようにして子どもの間違いをフォローしたらよいのでしょうか？　私は，次のようにフォローをしています。

①言い換える
　「なるほど！　○○って言いたかったのかな？」
と，子どもの了解を得ながら正解を言ったように間違いを言い換えます。
②ポジティブに教え直す
　「なるほど！　○君と同じように間違えている人がいると思うから，もう一度説明するね」
と，他の子のためにもなるからと，ポジティブに教え直します。
③間違いを深掘りする
　「○君の間違いは重要な学びにつながります。間違えた理由をみんなで考えてみよう」
と，間違いをよりよい学びにつなげます。

　②③のようなフォローはよき学びにつながりますが，扱い方は気をつけなければなりません。子どもによっては，間違いを扱われることを受け入れられないこともあります。その場合は，その子に合ったフォローの方法を選んでいきます。そして最後には，
　「間違いがよい学びにつながったよ。ありがとう」
と，感謝の言葉を伝えています。

　授業中に間違いをフォローすることで，間違いや失敗をバカにせず，フォローしたり尊重したりし，挑戦できる学級経営につなげることができます。

教師と子どもの人間関係を築く

| 06 | 教師と子どもの人間関係を築く

机間指導で子どもをほめる

POINT

　机間指導は，子どもの学びをサポートするためだけに行うのではありません。子ども一人一人をほめる機会にします！

第4章　授業で人間関係を築く具体的な方法

 授業中にほめる場面はたくさんある！

　「ほめるのが大切」ということはわかっているのですが，ほめる機会を見つけることは難しいですし，見つけられたとしてもほめることができるのはいつも同じ子になってしまうことがあります。
　そんな時，机間指導で子どもたちをほめてみてはいかがでしょうか？「結果・プロセス・行動・意識」に目を向けて机間指導をすると，子どもをたくさんほめることができます。

　赤ペンを持って机間指導をし，できている子を見つけたら，
　「よくできたね」「素晴らしい」（結果）
　「この方法がいいね」（プロセス）
と一言添えながら丸をつけることで，一人一人をほめることができます。

　また，途中までしかできていなかったとしても，
　「ここまでできたね」「字が丁寧でいいよ」（行動）
と言うことでも，ほめることができます。
　作業につまずき，全く取り組めなくても，
　「一生懸命に考えているね」「よく頑張っているよ」（意識）
とほめてから，アドバイスをすることができます。

　このように，活動の結果やプロセス，子どもの行動や意識に目を向けると，たくさんほめることができます。机間指導をしながらほめることで，子どもに自信をつけたり，学習意欲を促進させたりすることができます。

　机間指導では，子どもたち一人一人と向き合うことができるので，その子に合ったほめ言葉をかけることで，教育の質を向上させ，学級経営をよりよいものにすることができます。

教師と子どもの人間関係を築く

| 07 | 教師と子どもの人間関係を築く

子どもを発表に挑戦させる

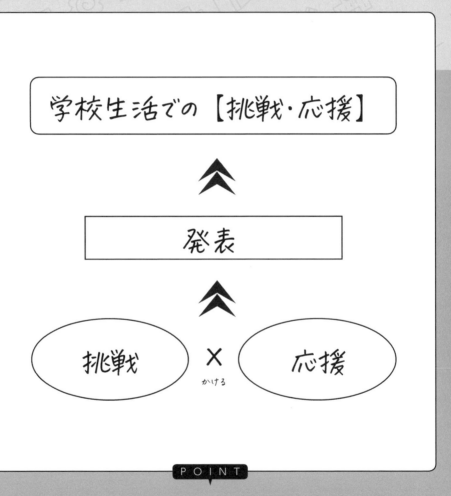

発表は子どもにとって挑戦です。小さいその挑戦を応援する雰囲気をつくることで、学校生活での大きな挑戦や、それを応援する学級の文化をつくることができます。

第4章　授業で人間関係を築く具体的な方法

 勇気を出して発表に挑戦する環境をつくる

　自分の考えを持っていたとしても、なかなか発表をすることができない場合があります。そんな時、勇気を出して一歩踏み出すために、発表をお願いしてみてはいかがでしょうか？

「この考え、みんなに広げたいから発表をお願いしていいかな？」
「〇さんの意見、素敵だね。発表の時に、この部分を読んでほしいな」
（花丸をつけて）「よく考えたね！　発表をお願いします！」

　机間指導で子どもをほめながら発表をお願いすることで、子どもは自信を持つことができ、発表することができます。発表が苦手な子には、第3章09で紹介したように、「書いたことを読んでくれる？」とお願いします。これを積み重ねることで、発表に対する苦手意識を取り払っていきます。

　また、発表に対して
「友達の意見は大切にしよう」
「間違えたりうまく発表できなかったりしても、発表したことが素晴らしいことだよね」
「応援しながら発表を聞こう」
と、周りの子に対する声かけをして挑戦する雰囲気づくりもします。

　発表をお願いして挑戦させ、発表を奨励することで、学級全体がお互いの意見を尊重し、支え合う文化をつくりあげることができます。
　これは授業だけでなく、学級をよくするための意見を出したり、何かの役に挑戦したり、困ったことを相談したりするための学級経営の基盤とすることができます。

| 08 | 教師と子どもの人間関係を築く

子どもの発表を労う

POINT

「発表してよかった！」を積み重ねることで，挑戦できる子へ成長していきます。

「発表してよかった！」と思ってもらう

　勇気を出して発表をしました。しかし，否定されてしまったら，子どもは傷つきます。否定はなかったとしても，何もリアクションがなければ不安になってしまいます。そこで私は，次のように声をかけて，子どもの発表を労うことを大切にしています。

①ポジティブなフィードバックをする
・「素晴らしい考えだったね」
・「わかりやすく伝えてくれたね」
・「発表してくれてありがとう」

②拍手を送る
・「発表してくれた人，手を挙げてください。みんなで発表者に拍手を送りましょう」

③発表の成果を共有する
・「発表してくれたから，○○について考えが深まったね」
・「伝わりやすい発表の仕方がわかったね」

　勇気を出して発表した子どもたちに「発表してよかった！」と感じてもらう手立てを取ることで，自分のしたことが認められて価値があると感じられるようになります。

　学級経営の観点から見ても発表を労うことは，教室全体のポジティブな雰囲気をつくり出し，教育活動に対して前向きになります。子どもの意見を大切にすることで，子どもたちが互いを尊重し，支え合う学級文化を築く基盤づくりをすることができます。

| 09 | 教師と子どもの人間関係を築く

子どもの発言を板書する

【学級経営面】
○自分の意見が大切にされた
○クラスの活動に参加
○学級のつながり

発言の板書

【学習面】
①アイディアの可視化　④思考の整理
②学習の見返し　　　　⑤考えの共有
③記憶の定着

POINT

発言を板書することは、学習のためだけでなく、子どもの存在を大切にすることにもつながります。

発言を板書する効果

　私は，子どもから出た意見は，一言でもいいので，できるだけ板書するようにしています。授業中に子どもの発言を板書することは，学習面で，次のような利点があります。

①**アイディアを可視化できる**
　黒板に書かれた内容を視覚的に捉えることができ，理解を助けます。
②**学習の見返しができる**
　発言を黒板に残すことで，ポイントや学習の流れを，後で見返すことができます。
③**記憶の定着ができる**
　何度も見返すことができ，記憶に残りやすくなります。
④**思考の整理ができる**
　子どもたちの思考を整理し，より明確にすることができます。
⑤**考えの共有ができる**
　黒板を通して，1人の子どもの考えをクラス全体で共有できます。

　また，発言を板書することは，学習理解を深めるだけでなく，学級経営面でも次のような利点があります。

- 自分の意見が大切にされていると感じ，自己肯定感が高まる
- クラスの活動に参加しているという意識が芽生える
- 友達と意見が関連づけられ，学級の一員としてつながりを感じる

　子どもの考えを板書することで，子どもの学習の理解を深めながら，自信を育み，学級のつながりをつくることができます。

01　子ども同士の人間関係を築く
授業中に使う言葉を子どもに教える

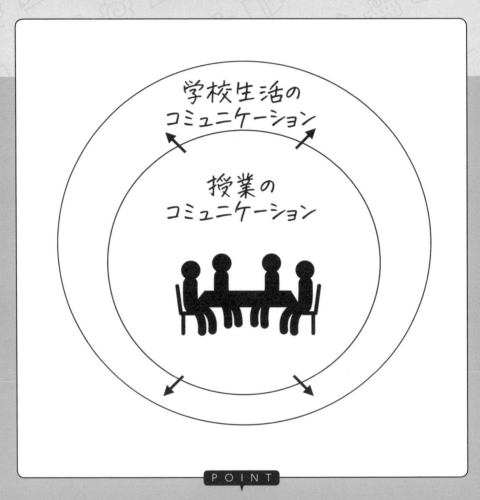

POINT

　授業中に，コミュニケーションの仕方を教えて練習することで，学校生活でのコミュニケーションが充実します。

第4章　授業で人間関係を築く具体的な方法

 コミュニケーションが充実する言葉を教える

　授業では，勇気を出して自分の考えを発表する場面があります。友達と協力して学び合うことがあります。時には，対立的な意見と意見がぶつかり合って学びを深めることもあります。

　場合によっては，子どもは傷ついてしまうかもしれません。だからこそ，授業中に使う言葉を教えることはとても大切です。

　例えば，掲示物を使って次のような言葉を教えています。

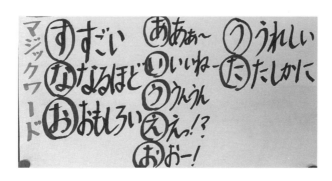

　相手の意見を尊重して，この言葉を使いながらコミュニケーションを取ります。最初はぎこちないですが，慣れてくると自然な雰囲気で相手の意見を受け入れながらコミュニケーションを取ることができるようになります。

　一方，相手と考えが違い，どうしても反対の意見を言わなければならない時があります。

　その時は，「〇さんの考え方もいいと思うのですが，私は〜」というように，相手の意見を一度受け入れてから反対の意見を伝えるようにさせています。

　授業でこのようなコミュニケーションが充実すると，日常生活でも相手の意見を尊重しながらコミュニケーションが取れるようになります。

| 02 | 子ども同士の人間関係を築く

みんなで拍手をする

【学級経営面】

○ポジティブな雰囲気
○学級の結束力の強化

拍手は贈り物
強く 細かく元気よく
相手の方を向いて

【学習面】

①積極的な学習態度
②達成感
③参加意識

POINT

　拍手を積極的に取り入れることで，発表を労うだけでなく，明るい雰囲気の学級になります。

第4章　授業で人間関係を築く具体的な方法

 ## 拍手はローリスクハイリターン

　私は授業中に，どんどん拍手をするようにしています。山口県の中村健一先生の方法を少しアレンジし，4つのキーワードで拍手をしています。

> ・強く　・細かく　・元気よく　・相手の方を向いて

　授業中の拍手は，学習に対して次のような効果を期待できます。

①積極的な学習態度につなげることができる
　拍手をしてもらうことで，学級に受け入れられていると感じ，失敗を恐れずに挑戦する積極的な学習態度を育てます。
②達成感を味わわせることができる
　発言や発表など挑戦したことに拍手をしてもらうことで，「発表してよかった」と，達成感を味わわせることができます。
③参加意識を向上させることができる
　拍手をすることによって，授業に積極的に参加していると感じ，集中力や理解度が高まります。
　授業中に自然な拍手ができるようになると，学級経営でも次のような成果が期待できます。

○ポジティブな雰囲気
　拍手の肯定的な反応で，学級全体がポジティブな雰囲気になります。
○学級の結束力の強化
　お互いの挑戦や努力を認め合うことで，学級の結束力が高まります。

　拍手のリスクはほとんどありませんが，成果はとても大きいので，積極的に取り入れています。

03 子ども同士の人間関係を築く

「お願いします」「ありがとうございました」と言い合う

POINT

「ありがとう」があふれる学級にするためには，まず，授業で「ありがとう」を言う経験を積み重ねます。

第4章　授業で人間関係を築く具体的な方法

意図的に感謝を伝える場面を取り入れる

　コミュニケーションを円滑にする「お願いします」と「ありがとう」。しかし，子どもはなかなか言うことができません。そこで授業中に意図的に機会をつくり，「お願いします」と「ありがとう」が言えるように練習します。

○プリントを配る時

　プリントを渡す時に「お願いします」と教師が言い，子どもは「ありがとうございます」と言って受け取るようにします。子ども同士でプリントを渡す時も同じようにやりとりをします（有田和正先生のご実践を参考）。

○ペアやグループで対話をする時

　活動を始める前に「お願いします」，活動が終わった後に「ありがとうございました」と言葉を交わすようにします。

　子どもが「お願いします」「ありがとうございました」のやりとりに慣れてくると，教師が机間指導で丸つけをすると「ありがとうございました」と言ってくれたり，テストが終わって提出する時に「お願いします」と言ってくれたりするようになります。子どもが自然な雰囲気で言えた時に，

「言ってもらえて嬉しい！」と，ポジティブなフィードバック

をすることで，学級全体に定着していきます。

　授業中に定着してくると，給食のおかわりをもらう時や，提出物を提出する時など，教師とのやりとりで「お願いします」「ありがとうございました」と言えるようになります。また，子どもたちの普段のやりとりの中でも，「お願い！」「よろしく～」「ありがとう！」と，自然なやりとりで感謝を伝えられるようになります。

子ども同士の人間関係を築く

123

| 04 | 子ども同士の人間関係を築く

ペア対話を さまざまな組み合わせで行う

【ペア対話のコツ】
- 小刻みな活動
- さまざまな組み合わせ
- 対話前の声かけ

POINT

すぐに交流のできる「ペア対話」を通して，友達同士の交流の機会を増やすことができます。

第4章　授業で人間関係を築く具体的な方法

 ## ペア対話のコツ

　ペア対話は，すぐに対話活動をすることができるので，小刻みに取り入れて活動することができます。また，隣同士や前後などのさまざまな組み合わせで取り組むことができます。

　しかし，ただペア対話をさせただけでは，対話の内容が別の方向に行ってしまいます。そこで，焦点を絞って対話をさせるために，

　　○○と言ってからペア対話を始めましょう。

と声をかけ，子ども同士で言わせてからペア対話を始めさせます。例えば私は，次のような言葉を子どもに言わせてから活動させています。

○**三角形の面積の公式について確認させたい時**
　「底辺×高さ÷2の÷2って，なんだっけ？」
○**聖徳太子のしたことを確認させたい時**
　「君，聖徳太子のしたことに詳しかったよね」

　少しユーモアを入れると，楽しい雰囲気でペア対話をすることができます。ペア対話を終わらせる時は「お互いに『ありがとうございました』と言いましょう」と声をかけ，感謝の言葉で終わらせるようにしています。

　ペア対話を小刻みに取り入れることで，子ども同士の交流の機会を増やすことができます。今まであまり関わったことのない子ども同士でも，ペア対話がきっかけで交流できるようになります。また，子ども同士の交流を増やすことで，学級の雰囲気も明るくなります。

子ども同士の人間関係を築く

05 子ども同士の人間関係を築く

グループ学習の場を工夫する

【グループ学習の場の工夫】

・1グループ3〜4人
・学習用具はグループの真ん中
・1人1回発言・活動

POINT

　グループ学習を通して，協力したり，意見を出し合ったりする経験をさせることができます。

第4章 授業で人間関係を築く具体的な方法

成果のあがるグループ学習の場の工夫

　友達同士で考えを広げたり深めたりするためにグループ学習は有効ですが，「いつも同じ人が発言してしまう」「学習用具を独り占めしてしまう」などのトラブルも起きがちです。成果のあがるグループ学習にするために，次のような指導をしています。

- 1グループは3〜4人
- 学習用具はグループの真ん中に置く
- 1人1回は発言したり学習用具を使ったりする

　グループ学習は，基本的に3人にしています。全てのグループを3人にすることができない時は，4人グループで調整します。3〜4人グループにすることで活動から外れる子がいなくなり，話し合いが充実します。

　学習用具は，全員から等しい距離の真ん中に置くようにします。机の真ん中に置けない場合は，椅子を動かしたり立ったりさせて，真ん中になるように工夫させます。

　グループ内で全員が発言したり学習用具を使ったりできるように進行させます。途中で教師が，「まだ発言していない人？」「まだ道具を使っていない人？」と確認し，全員を活動に参加させます。

　これらの場の工夫をすることで，成果のあがるグループ学習にすることができます。授業中にグループ学習で協力する経験をさせることで，学校行事や日常生活の協力につなげることができます。

　次項では，さらに成果のあがるグループ学習にするための，気持ちの面の指導をご紹介します。

子ども同士の人間関係を築く

| 06 | 子ども同士の人間関係を築く

グループ学習で
気持ちを寄り添わせる

【グループ学習の気持ちの持たせ方】

物理的な距離を縮める

「男女問わず関わり合おう」
「腰を上げて身を乗り出して話し合いに参加しよう」
「立ち歩いていいから、小さな円をつくって話し合おう」

▼

 心理的な距離が縮まる

POINT

　グループ学習を通して物理的な距離を縮めることで，心理的な距離も縮めていきます。

気持ちに寄り添いながら学習を進める

　前項では，グループ学習の場の工夫についてご紹介しました。しかし，グループ学習の場の工夫をしただけでは，学習は充実しません。気持ちの面が大切だからです。そこで，次のような声かけをしています。

- 「男女問わず関わり合おう」
- 「腰を上げて身を乗り出して話し合いに参加しよう」
- 「立ち歩いていいから，小さな円をつくって話し合おう」

　このような声かけをして物理的な距離を近づけることで，声が聞き取りやすくなったり，使っている学習用具が見やすくなったりし，成果のあがるグループ学習になります。

　それだけでなく，物理的な距離を近づけることは，気持ちを近づけることにもつながります。頭を近づけたり，身を乗り出したり，小さな円にさせたりすることで，子どもたちの気持ちも近づいて一体感が高まり，協力しやすくなります。

　場の工夫をし，物理的にも心理的にも近づけることで，グループ学習が充実します。

　授業中のグループ学習で物理的な距離を縮めて気持ちを近づけることで，学校生活でも近づけるようになります。休み時間に男女問わず楽しそうに遊んだり，校外学習や修学旅行で協力したりできるようになります。

　日々の授業で，効果的なグループ学習の仕方を身につけ，物理的にも心理的にも距離を縮めることで，学級経営によい影響を与えます。

07 | 子ども同士の人間関係を築く

発表では話し手より聞き手を育てる

聞き手も育てる

【傾聴する理由】

・話し手に安心感を与える
・話し手の意図や感情を理解できる
・学習がより深いものになる

POINT

発表を充実させるために，まずは聞き手を育てることが大切です。傾聴の仕方を教えることで，友達の意見を尊重できるようになります。

第4章　授業で人間関係を築く具体的な方法

話し手より聞き手が大事

　本章ではここまで,「発表する側」の実践を多くご紹介してきました。
　しかし,私は,

> 話し手より聞き手が大切

と考えます。その理由は次のとおりです。

・話し手に安心感を与えることができる
・たとえ伝わりづらい発表でも,聞き手が積極的に聞くことで,話し手の意図や感情を理解できる
・聞き手が理解することで,考えを広げたり深めたりすることができるので学習がより深いものになる

　聞き手を育てるためには,第3章05でご紹介したように,教師のさせたい聞き方をいつでも振り返れるように掲示物にして呼びかけています。友達が発表する時に,
　「体を向けましょう」
　「目を合わせて話を聞きましょう」
と呼びかけて発表してもらいます。
　発表が終わった時に,
　「発表はしやすかったですか？」
と,発表した子に感想を聞くようにしています。

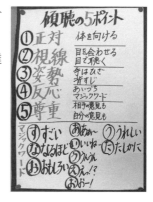

　これを繰り返して聞き手を鍛えることで,全体発表が充実していきます。聞き手が育つと,お互いの考えを尊重できるようになり,学級が落ち着いた雰囲気になります。

08 子ども同士の人間関係を築く

伝わりやすい発表の仕方を教える

 伝わりやすい発表
- 上向きの声で話す
- 「指し棒」や「こそあど言葉」を使う
- 言いきる
- 「〜ですよね？」と確認
- 「〜はなんですか？」と質問

▼

日常のコミュニケーション力の向上

 POINT

伝わりやすい発表の仕方を学ぶことで、日常のコミュニケーション力が向上します。

発表の仕方を掲示する

「話し手より聞き手が大切」という心構えを学級で共有した上で，伝わりやすい発表の仕方も子どもに教えています。私は，右のような掲示物を使い，掲示物に書かれた言葉を使いながら子どもに発表の仕方を教えています。

> 発表の5ポイント
> 目的：学びの共有
> ①「上向きの声」で話す
> ②「棒」と「こそあど言葉」を使う
> ③「句点(。)」を多用する
> ④「〜ですよね？」と確認する
> ⑤「〜はなんですか？」と質問する

---

①ボソボソと下向きに声を出すのではなく，明るい上向きな声で話します。
②黒板に書かれた文字や図・表などを指し棒を使って指しながら「こそあど言葉」を使って説明します。
③一文が長くならないように，言いきって発表します。
④発表の途中に「〜ですよね？」と確認を取ります。
⑤「〜はなんですか？」と尋ね，聞き手にも発表に参加してもらいます。

これらの指導を通じて，子どもたちは自分の意見をはっきりと伝える力を身につけると同時に，聞き手としての重要な役割を理解します。

発表者が明確で聞きやすい方法で情報を伝え，聞き手が内容をより深く理解することで，学習の理解が深まります。

授業を通して，「話し手」と「聞き手」を育てることができます。「話し手」と「聞き手」を育てることは，学習効果を高めるだけでなく，学級経営上でも子どもたちのコミュニケーション能力が向上し，学級の協調性が高まり，学級がまとまるという成果をあげることができます。

| 09 | 子ども同士の人間関係を築く

活動後に友達の よかったところを伝え合う

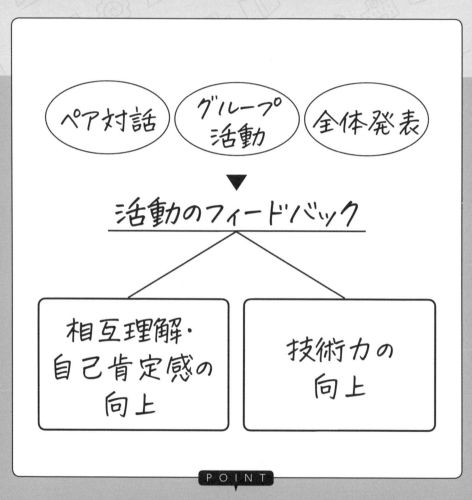

友達のよかったところを交流することで，表現する力が高まるだけでなく，子ども同士の相互理解や自己肯定感が向上します。

第4章 授業で人間関係を築く具体的な方法

伝え合う活動を取り入れる

　グループ活動や発表などをする時，次のような手順で友達のよかったところを伝え合う活動を取り入れています。

○活動前
・「活動が終わった後，友達のよかったところを発表してもらうので，言えるようにしておきましょう」と，よかったところを伝え合う活動の予告
○活動中
・「友達のいいところを見つけられた人？」と，全体に確認
・「友達のいいところを見つけられたかな？」と，個人に呼びかけ
○活動後
・「友達のよかったところを発表しましょう」と，全体で共有

　すると，
　「○○君の～～という考え方がとてもすごかったです」
　「グループ活動の時に，△△さんの説明のおかげでわかりました」
　「□□君の発表がとてもわかりやすかったです」
というようなフィードバックが返ってきます。
　そのフィードバックを言ってもらった子に，
　「言ってもらってどうだった？」
と聞き，
　「嬉しかったです！」
というように，感想を答えてもらいます。

　このように，授業中によかったところを伝え合うことで，技術だけでなく，子ども同士の相互理解と自己肯定感を向上させることができます。

子ども同士の人間関係を築く

135

10 子ども同士の人間関係を築く

振り返りを充実させる

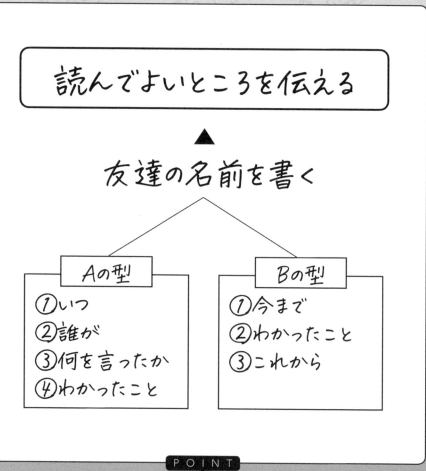

POINT

振り返りに友達の名前を登場させることで，具体的な場面を振り返ることができます。振り返りを読んで伝えることで，子ども同士の相互理解や自己肯定感が向上します。

振り返りの型を与える

「振り返りが大切！」ということはわかっていても，どうしても「楽しかった」「難しかった」というような振り返りになってしまいます。

私は振り返りで，

- どのように学び（学習過程）
- どのような学びができたか（学習の成果）

の視点で振り返るようにしています。

そのために，右の掲示物のような型を与えています。

例えば，算数のL字型の面積を求める学習の振り返りをAの型で書くと，

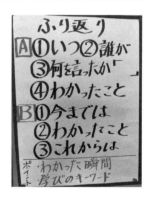

「問題②の時に〇君が，『L字型の面積は2つに分けると長方形になって計算できるよ』と教えてくれた。知っている形にすれば，計算で求められることがわかった」

道徳の振り返りをBの型で書くと，

「今まではあいさつの大切さに気づかなかったけれど，〇君の話を聞いて，あいさつをすると相手も自分も気持ちよくなることがわかった。これからは，自分から積極的にあいさつをしていきたい」

というような振り返りになります。

振り返りに友達の名前や言った言葉を登場させることで，振り返りがより具体的になります。

さらに，書いた振り返りを発表してもらうことで，発表した子の考えを伝えるだけでなく，振り返りに登場した友達のよいところを学級全体に伝える活動につなげることもできます。

第5章

教科の授業での
具体例

📖	国　　語	140
📐	算　　数	144
⚗	理　　科	148
🌐	社　　会	152
🤝	道　　徳	156

01 国 語

音読指導で声を出す

【国語・音読】

・声の出る学級
・明るい雰囲気

▲

授業で練習

▲

音読の仕方

POINT

　音読の仕方を授業で鍛えることで，読解力を高めながら，声の出る学級に成長させたり，明るい雰囲気をつくったりすることができます。

授業で声を出す練習をする

音読には，次のような効果があると考えます。

○学習上
・正確な読み取りができるようになり，読解力が向上する
・言葉の意味とその使い方を知ることができ，語彙力が向上する
○学級経営上
・明るく上向きな声を出すことのできる学級になる
・一緒に声を合わせることで，学級が明るい雰囲気になる

私は，土居正博先生の音読のご実践を参考に，右のような掲示物を使って音読の指導をします。

年度はじめや，学級の雰囲気を明るくしたいと思った時に，学習の始まる最初の5分程度を使い，詩の音読の練習を次の手順でしています。

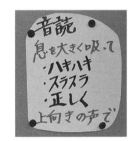

①一度全員で詩を読む（1分）
②教師のアドバイス（1分）
③個人練習（2分）
④もう一度全員で読む（1分）

同じ詩を何度か練習すると，子どもたちはすぐに読むのがうまくなります。この練習で声を出せるようになると，学級の雰囲気もよくなり，声を出しやすい雰囲気になります。

おすすめは金子みすゞさんの詩です。『私と小鳥と鈴と』を最初に練習し，そこから派生していろいろな詩の音読をします。

02 　国　語

型に沿って考えを書く

【国語・書く】

・学校行事の事前・事後指導
・自分の考えの整理・深化

▲

考えを振り返り、表現

▲

 書き方の指導

POINT

考えの書き方を指導しておくことで，学級経営上必要な時に，考えを深めさせたり，振り返りをさせたりすることができます。

自分の考えを振り返り，表現する

　私は，学校行事の前や後，日常の考えを深めさせたい時に，自分の考えを書く活動をしています。書く活動には，次のような効果があると考えます。

○学習上
・自分の考えを正確に表現するための語彙力が向上する
・自分の考えをわかりやすく伝える表現力が向上する
○学級経営上
・学校行事の事前・事後指導ができる
・考えていることの整理や深化をさせることができる

　次のような型を与えて書くようにしています。
①私が〜したことは3つあります。
②○つ目は〜です。なぜなら〜だからです。
③これからは
【キーワード】
　・なぜなら　・例えば　・〜の時に　　など
　　第4章⚭10の振り返りA・Bの型と合わせるとさらに効果的です。

　ここで身につけた考えの書き方を学校生活でも生かします。例えば，次のようなタイトルを与えて考えを書かせます。
○**行事前**…「運動会で成長したいこと」「学習発表会で成長したいこと」
○**行事後**…「運動会で成長したこと」「学習発表会で成長したこと」

　国語の書く学習で指導をし，日常生活で活用することで，目標を持ったり反省をしたりし，学校生活を通して成長につなげることができます。

01 算数

答え合わせで間違い・失敗に向き合う

【算数・間違いとの向き合い方】

失敗は成長のチャンス！

▲

できないことができるようになる

▲

答えとの向き合い方

POINT

正解・不正解がはっきりしているからこそできることですが，算数を通して間違いや失敗への向き合い方を指導することで，他教科や学校生活でも間違いや失敗と前向きに向き合えるようになります。

第5章　教科の授業での具体例

できないことができるようになる経験

算数は正解・不正解がはっきりしている教科です。だからこそ，答えとの向き合い方を教えます。

○学習上
- 間違いから正確な解決の仕方を学び直す
- 正解することも大切にしつつ，問題解決のプロセスを重視する

○学級経営上
- 失敗は悪いことではない。成長するチャンスであること

子どもは不正解をいけないものだと思っています。しかし，できないことができるようになるから成長するものです。そこで，算数の問題は次のような5ステップで取り組むようにしています。

①問題を解く
②丸つけ（間違い探し）をする
③間違い直し（分析）をする
④もう一度間違えた問題に取り組む
⑤もう一度全部の問題に取り組む

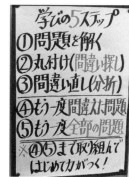

ポイントは，丸つけではなく「間違い探し」，間違い直しではなく「分析」と，言葉をポジティブに言い換えることです。ポジティブに言い換えることで，不正解との向き合い方が変わってきます。ドリル学習や宿題にもこの方法で取り組みます。

この取り組み方が定着すると，算数以外でうまくいかなかった時にも，「失敗はいいことだ！」と，考えられるようになります。

算数

| 02 | 算　数

ミニ先生で
人の役に立つ経験をする

【算数・教え合い】

・できない時は人に頼ってもいい
・自分の力を人の役に立たせる

▲

助け合う経験

▲

 教え合い活動の仕方

POINT

　　ミニ先生を通して，「人に頼る」「人の役に立つ」経験をさせます。「人に頼る」「人の役に立つ」ための考え方や方法を学び，他教科や学校生活に生かせるように広げていきます。

第5章 教科の授業での具体例

助け合う経験

　私は，算数ではミニ先生の活動を積極的に取り入れています。ミニ先生には，次のような効果があると考えています。

○**学習上**
・教えてもらう側は，問題の解決の仕方がわかるようになる
・教える側は，教えることでより理解が深まる
○**学級経営上**
・教えてもらう側は，うまくいかない時の人の頼り方を学べる
・教える側は，人の役に立つ方法を学べる

　ミニ先生をすると，どうしても教える側が発言する機会が増えてしまいます。そこで，次のような言葉を教える側に使わせています。
・丸をつける時「どのように考えましたか？」
・教える時「どこでつまずいていますか？」
　教える側が，これらの言葉を使ってからミニ先生の活動を始めることで，教えてもらう側が発言する機会をつくることができます。

　大切なことは心構えです。間違いやうまくいかないことを悪いことではなく，大切なことだと捉えさせ，次のような指導をします。
○**教えてもらう側**
・できないことは人に頼ってもいい
○**教える側**
・自分の力は人をバカにするのではなく人の役に立つためにある

　心構えも合わせて指導することで，助け合いのできる学級になります。

算数

147

| 01 | 🧪 理 科

予想で間違える体験をする

【理科・予想】

・間違いや失敗から成長につなげる
・間違えても大丈夫という雰囲気づくり

▲

間違いから学びが充実する経験

▲

 予想は間違えてもいい

POINT

　理科の実験結果予想では，間違いや失敗をするからこそ学びが充実する，という経験をさせることができます。間違いや失敗のよさを味わわせ，他教科や学校生活に生かしていきます。

第5章　教科の授業での具体例

予想で間違えるよさを体験させる

　理科の実験では，予想をする場面があります。予想には，次のような効果があると考えます。

○学習上
・予想が正しいか考えながら活動し，学習を充実させられる
・予想と結果を比べ，その原因を探究することができる
○学級経営上
・間違いや失敗を成長につなげることができるようになる
・間違えても大丈夫という雰囲気をつくることができる

　例えば電池の授業で，次のような3個の電池のうち，1つだけ逆にしたつなぎ方をして，「豆電球がつくか，つかないか」という予想をしました。

　「つかない」と予想した子がほとんどです。実験をすると，豆電球がついた瞬間「えー！」と歓声に包まれました。「なんでつくの？」と子どもたちが自然と話し合う中で，「電池が1個分の明かりの強さだ！」と気づきました。その後，「なんで1個分なんだろう？」と問うと，電池が「2個－1個分だから電池1個分の明かりでつくんだ！」と気づくことができました。

　予想を立てて実験をし，学習が深まったことを学級全体で喜ぶことで，間違いから学びを充実させる体験を積み重ねることができます。

理科

02　理　科

役割分担・協力をして実験を行う

【理科・実験】

・役割分担をして協力ができるようになる
・安全に作業をしようという態度が育つ

▲

責任感の伴う協力の体験

▲

実験で協力

POINT

　実験は危険が伴うからこそ，緊張感のある中で責任を伴った協力をする，という経験をさせることができます。

第5章　教科の授業での具体例

 協力して実験をする

　楽しくて子どもたちが大好きな実験。しかし，危険も伴っています。そんな実験には，次のような効果があると考えます。

○学習上
・実際に見て，仮説の検証や，結果の分析などができる
・器具の安全な使い方を身につけることができる
○学級経営上
・役割分担して協力することができるようになる
・集団行動で，安全に作業をしようという態度を育てられる

　実験では，最初に安全面の話をして子どもと取り組み方の確認をします。
「理科はとても楽しいけれど，危険が伴います。どのようにしたら，安全に実験に取り組めるでしょうか？」
　すると子どもは，
・先生の話を聞く　　・ふざけない　　・物を大切に使う　　など
真剣に答えてくれます。
　真剣な雰囲気ができたら，下記のような手順で行います。
①役割分担を決める
②実験器具・記録用紙を用意する
③机の真ん中に実験器具を置く（第4章 05参照）
④教師に準備ができたと報告する
⑤全グループの準備ができたら，実験を開始する
　安全を意識しながら慎重に実験物の観察をしたり，温度計を読んだり，記録したりし，役割分担をして協力して取り組むことができます。
　危険が伴うグループ活動だからこそ，与えられた役割に責任を持って取り組ませ，協力する体験をさせることができます。

理科

01 社会

インプットとアウトプットを小刻みに行う

【社会・知識の定着】

・はっきりとした声が出る
・学級に一体感が生まれる

▲

声を出す経験

▲

小刻みな
インプット・アウトプット

POINT

小刻みにインプット・アウトプットを繰り返し，知識を定着させながら声の出る学級にしていきます。

第 5 章 | 教科の授業での具体例

ポイント復唱で声の出る学級に

　社会科は，言葉を暗記したり，知らない言葉の意味を知ったりしなければならない場面があります。そんな時，第 3 章 07のポイント復唱でインプットとアウトプットを小刻みに行っています。ポイント復唱には，次のような効果があります。

○学習上
・インプットしたことをすぐにアウトプットして覚えられる
・言葉を口に出すことで正確に覚えることができる
○学級経営上
・はっきりとした声が出るようになる
・一斉に声を出し，一体感が生まれる

　第 3 章 07の子どもとのやりとり以外では，教科書を読みながら次のような手順でポイント復唱を行っています。
①教師または子どもが教科書を音読する
②覚えさせたい単語が出たら「○○！　ハイ」と教師が合図する
③子どもは教師が言った言葉を復唱する

　例えば，次のように音読しながら復唱させます。

T「浄水場は安心して飲めるきれいな水をつくる」
T「浄水場！　ハイ」　　　→　　C「浄水場」
T「安心して飲める！　ハイ」　→　C「安心して飲める」

　このように，ポイント復唱でインプットとアウトプットを小刻みに行い，知識を定着させながら声を出す経験を積み重ねます。

社会

02 社会

チームで協力して資料をまとめる

【社会・グループ活動】

・成果のあがるグループ活動
・友達の考えを尊重

▲

チームで活動するよさ

▲

 グループで資料をまとめる

POINT

グループで資料を読み取り，まとめる活動を通して，協力するための方法や心構えを指導し，経験させることができます。

チームで活動するよさの経験

　社会科の教科書や資料集などの，文章や図・表を読み取る学習では，第4章&05，第4章&06のグループ活動の方法で活動を行っています。グループで読み取り活動をすることには，次のような効果があると考えます。

○学習上
・自分にはない気づきを知り，考えを広げることができる
・自分の気づきを説明することで，考えを深めることができる
○学級経営上
・成果のあがるグループ活動ができるようになる
・友達の考えを尊重しながら活動を進められるようになる

　具体的には，第4章&05の方法で行います。社会科ではさらに具体的に下記のように行うとよいでしょう。
①3～4人のグループをつくる
②小黒板やホワイトボードをグループの真ん中に置かせる
③「教科書 p.○～p.○を調べます」と調べる範囲を指定する
④「～～をポイントにして調べましょう」と調べる視点を与える
⑤「制限時間は○分です」と時間を指定する

　活動が始まったら，「腰を上げて近い距離で話し合えているね」「チョークを順番に回してみんなが参加できているね」というように，第4章&06の視点で子どもをほめていきます。すると，子どもたちの物理的・心理的距離が縮まり，活動がより活発になります。

　グループで読み取る活動を通して，子どもたちにチームで活動するよさを経験させるように心がけています。

01 道徳

読み物資料から自分の実生活を振り返る

【道徳・書く】
・自分の考えや行いを振り返る
・学校生活をよりよくしようという意識

▲

フィクションだからできる思考

▲

 自分の考えを書く

POINT

道徳には，フィクションだからこそできる思考があります。教材をもとに実生活を振り返ることで，自分の考えや行動を改善していくことができるようになります。

フィクションだからこそできる思考

　正しい答えが1つではない道徳。そんな道徳で自分の考えを書く活動はとても重要です。書くことには，次のような効果があると考えます。

> ○学習上
> ・教材をもとに自分の考えや感情を整理することができる
> ・自分の考えや行動を振り返り，自分の生き方について考えられる
> ○学級経営上
> ・教材をもとに自分の考えや行いを振り返ることができる
> ・教材をもとに今後の学校生活をよりよくしようと意識を高められる

　自分や友達を対象に普段考えていることを書くことは，どうしても抵抗を感じてしまいます。それは，ポジティブなことだけでなく，ネガティブなことも考えなければならず，人を傷つけてしまう可能性があるからです。

　例えば，「あいさつができないこと」を題材にしたとします。現実のことを題材にして，考えを書くと，
「このクラスにはあいさつをしている人もいるが，しない人もいる」
と，友達を批判する考えを書かなければならなくなります。しかし，子どもの実生活に近いフィクションである道徳の題材であれば，
「主人公のクラスにはあいさつをしている人もいるが，しない人もいる」
と，批判対象はフィクションの登場人物なので，実際の人物を否定せずに考えを書くことができます。

　教材をもとにすることで，自分の実生活を振り返り，自分の考えや行動を改善する考えを書くことができます。

02 道徳

友達の考えを聞き，意見を交流する

【道徳・考えの交流】

・価値観の共有
・実生活をよくしようという意識

▲

正解がないからこその
考えの広がり・深まり

考えを比べる

POINT

　正しい答えが1つではない道徳を通して，普段聞くことのできない友達の考えを聞き，意見を交流することで，自分の考えを広げ，深めることができます。

第5章　教科の授業での具体例

 ## 正解がないから面白い

　道徳は，正しい答えが1つではありません。そんな道徳で友達と考えを比べることには，次のような効果があると考えます。

○学習上
- さまざまな意見や考え方を共有し，自分の考えを広げ，深められる
- 複数の意見を聞き，自分なりの納得解を見つけることができる

○学級経営上
- 友達の考えを知ることで価値観を共有することができる
- 共通の価値観をもとに，実生活をよくしようとすることができる

　道徳の話し合い活動では，学級全体で考えを伝え合い，よりよい生き方を見つけていくことが大切だと考えています。

　私は道徳の話し合いでは，第5章01で書いた考えを読んでもらっています。正解がない道徳なので，いろいろな意見が出てきて，とても面白いです。出てきた意見は，教師が端的にまとめ，黒板に書きます。

　その後に大切にしていることが「振り返り」です。第4章10でご紹介したAとBの振り返りの型を子どもたちに自由に選択させ，自分の考えの変容を書かせます。すると，きまりを守る大切さを扱う題材なら，

「今まできまりを守るのは面倒くさいと思っていたけれど，○○君の話を聞いて，きまりを守ることで，みんなの安全を守ることができると気づいた。これからは，きまりの意味を考えてしっかりと守っていきたい」

というような振り返りを書くことができます。

　フィクションですが，実生活に近く，正解のない道徳の題材だからこそ，友達の意見を聞くことで，自分自身の考えを広げ，深めることができます。

道徳

【著者紹介】

髙橋　朋彦（たかはし　ともひこ）

1983年千葉県生まれ。現在，千葉県公立小学校勤務。令和元年度第55回「実践！わたしの教育記録」で「校内研修を活性化させる研修デザイン」が特別賞を受賞。文科省指定の小中一貫フォーラムで研究主任を務める。教育サークル「スイッチオン」，バラスーシ研究会，日本学級経営学会などに所属。算数と学級経営を中心に学ぶ。

著書に本シリーズに加え，『明日からできる速効マンガ　4年生の学級づくり』（日本標準）などがある。

図解　見るだけでクラスも整う
授業術

2025年4月初版第1刷刊 ©著　者	髙　橋　朋　彦
2025年8月初版第2刷刊 発行者	藤　原　光　政

発行所　明治図書出版株式会社
http://www.meijitosho.co.jp
（企画）佐藤智恵（校正）武藤亜子
〒114-0023　東京都北区滝野川7-46-1
振替00160-5-151318　電話03(5907)6703
ご注文窓口　電話03(5907)6668

＊検印省略　　組版所　中　央　美　版

本書の無断コピーは，著作権・出版権にふれます。ご注意ください。

Printed in Japan　　　　　ISBN978-4-18-263325-6
もれなくクーポンがもらえる！読者アンケートはこちらから　→